Pasta

Pasta

Die Kurzen

Die Langen

Die Gefüllten und Überbackenen

Die Asiatischen

Das große Plus

Die alte Design-Regel
»Form follows function«
gilt auch für Pasta.
Denn für jede Sauce und
jede Zubereitungsart
gibt es auch die
passende Nudelform.

Seit die Deutschen in den 1960er-Jahren Italien als Urlaubsland entdeckten, sind Spaghetti, Tortellini und Ravioli keine Fremdwörter mehr, sondern stehen in unserem Küchenschrank, kochen in unseren Töpfen und liegen auf unseren Tellern. Und ungefähr seither hält sich hartnäckig die Sage, erst der italienische Weltreisende Marco Polo hätte die Nudeln aus China nach Italien gebracht. Mal ehrlich, haben Sie das jemals geglaubt? Noch im Spätmittelalter sollen die Italiener ohne Pasta gewesen sein und die Schwaben ohne Spätzle? Es stimmt auch gar nicht! Schon in der griechischen Antike gab es Nudelgerichte. Und von den Etruskern, jener vorrömischen Hochkultur, sind eben nicht nur Vasen überliefert, sondern auch Abbildungen von Geräten zur Nudelherstellung. Die Frage »Wer hat's erfunden?« könnten wir trotzdem nicht eindeutig beantworten – denn auch in China gibt es Nudeln schon sehr lange. Bei Ausgrabungen am Gelben Fluss förderte man Exemplare zutage, die 4000 Jahre zählten. Wir halten es ehrlich gesagt für falsch, Nudeln so lange aufzubewahren. Wir sind dafür, sie zu essen.

Die Kurzen

Tortiglioni, Penne, Spirelli, Orechiette sind die bodenständigen unter den Nudeln. Sie lieben reichhaltige, kräftige Saucen, mögen deftige Kombinationen mit Fleisch, harmonieren aber auch sehr gut mit Sahne, Käse und Lachs. Und sie sind kinderleicht zu essen!

Tortiglioni *mit Sepien*

raffiniert

2	**Portionen**
	Zubereitungszeit 30 Min.
Pro Portion	**ca. 665 kcal, E 41 g, F 18 g, KH 84 g**

200 g	Tortiglioni (dicke, kurze und geriffelte Makkaroni)
	Salz
200 g	Möhren
1	frische Knoblauchzwiebel
300 g	geputzte Mini-Sepien (kleine Tintenfische; im Fischhandel oder TK im spanischen Lebensmittelgeschäft)
2 EL	Olivenöl
2 EL	Pinienkerne
	frisch gemahlener Pfeffer
etwa 1 EL	Zitronensaft
	einige Salbeiblätter

• Die Nudeln nach Packungsangabe in reichlich kochendem Salzwasser bissfest kochen, in ein Sieb gießen und abtropfen lassen.

• Die Möhren putzen, schälen und schräg in dünne Scheiben schneiden. Die äußere Schale des Knoblauchs entfernen und den Knoblauch in Spalten schneiden. Die Sepien kalt abspülen und mit Küchenkrepp gründlich trocken tupfen.

• Das Öl in einer Pfanne erhitzen und Möhren, Knoblauch und Pinienkerne darin goldbraun anbraten. Aus der Pfanne nehmen und warm stellen.

• Sepien im sehr heißen Bratfett portionsweise etwa 1 Min. braten (nicht länger braten, sie werden sonst zäh!).

• Alle Zutaten in die Pfanne geben, kurz darin schwenken und erhitzen. Mit Salz, Pfeffer und Zitronensaft würzen. Salbeiblätter abspülen und darüberstreuen.

Tipp Mini-Sepien werden auch Seppiolino oder Novellino genannt. Sie werden meist nur 3–6 cm groß. Am besten die Sepien schon küchenfertig vorbereitet oder tiefgekühlt kaufen.

Penne mit Käsesauce

vegetarisch | schnell

4	**Portionen**
	Zubereitungszeit 20 Min.
Pro Portion	ca. 695 kcal, E 29 g, F 30 g, KH 77 g

400 g	Penne (oder andere kurze Nudeln)
	Salz
½ l	Milch
150 g	Gorgonzola-Käse
1 Packung	Sahne-Schmelzkäsezubereitung Rahmstufe (150 g)
1–2 EL	Speisestärke
	frisch gemahlener Pfeffer
2 EL	rosa Pfefferbeeren

• Die Nudeln nach Packungsangabe in reichlich kochendem Salzwasser bissfest kochen, in ein Sieb gießen, abtropfen lassen und warm stellen.

• Inzwischen von der Milch etwa 8 EL abnehmen. Die restliche Milch in einem mittelgroßen Topf erhitzen. Gorgonzola und Schmelzkäse dazugeben und so lange rühren, bis beide Käsesorten in der Milch geschmolzen sind.

• Die Käsesauce etwa 10 Min. unter Rühren einkochen lassen. Die Speisestärke mit der restlichen kalten Milch verrühren. Die Mischung langsam unter Rühren zur Käsesauce gießen. Kochen lassen, bis die Sauce eine cremige Konsistenz hat. Dann die Sauce mit Salz und Pfeffer abschmecken.

• Die rosa Pfefferbeeren in einem Mörser etwas zerstoßen. Die Nudeln mit der Käsesauce und rosa Pfefferbeeren anrichten.

Dazu grüner Salat

Tipp Statt der Pfefferbeeren können auch gehacktes Basilikum, 1 EL abgetropfte Kapern oder Schnittlauchröllchen über die Sauce gestreut werden.

Klassiker

Penne all' arrabbiata

Wie rabiat Sie diesen Klassiker auf dem Teller haben möchten, entscheiden Sie selbst. Ganz einfach: Die Menge Chili macht's.

4	**Portionen**
	Zubereitungszeit 1 Std. 10 Min.
Pro Portion	ca. 455 kcal, E 15 g, F 9 g, KH 77 g

800 g	Tomaten
2	Knoblauchzehen
2	Zwiebeln
2	rote Chilischoten
4 Stängel	glatte Petersilie
3 EL	Olivenöl
	Salz, frisch gemahlener Pfeffer
400 g	Penne
evtl. 100 ml	Gemüsebrühe

• Die Stielansätze der Tomaten herausschneiden. Tomaten mit einem scharfen Messer kreuzweise einritzen, mit kochendem Wasser überbrühen und etwa 1 Min. ziehen lassen.

• Tomaten mit einer Schaumkelle aus dem heißen Wasser nehmen und sofort in Eiswasser tauchen (Step 1). Die Haut der Tomaten abziehen, die Tomaten eventuell entkernen und dann fein würfeln.

• Knoblauch und Zwiebeln abziehen und beides fein würfeln. Chilischoten abspülen, längs halbieren und entkernen. Die Schoten in feine Streifen schneiden (mit Küchenhandschuhen arbeiten!). Petersilie abspülen, trocken schütteln und die Blättchen fein hacken.

• Das Öl in einem großen Schmortopf erhitzen. Zwiebel- und Knoblauchwürfel darin glasig dünsten. Tomaten und Chili dazugeben (Step 2) und etwa 30 Min. bei kleiner Hitze zugedeckt kochen lassen. Die Sauce mit Salz und Pfeffer würzen.

• Die Nudeln nach Packungsangabe in reichlich kochendem Salzwasser etwa 5 Min. kochen, in ein Sieb gießen, kurz abtropfen lassen und mit der Sauce mischen (Step 3). Noch etwa 10 Min. bei kleiner Hitze ziehen lassen. Eventuell noch etwas Brühe dazugießen. Die Nudeln auf Tellern anrichten und mit der Petersilie bestreuen.

Tipp

Penne haben ihren Namen nach der spitzen Form: einer Feder ähnlich. Wie die meisten italienischen Nudeln sind sie aus Hartweizengrieß hergestellt und die Klassiker zur scharfen Arrabbiata-Sauce.

Rigatoni mit Ofengemüse

vegetarisch | einfach

3	Portionen
	Zubereitungszeit 25 Min.
	Backzeit 40 Min.
Pro Portion	ca. 525 kcal, E 14 g, F 19 g, KH 72 g

½ Bund	Thymian
1	frische Knoblauchzwiebel
200 g	kleine Schalotten
500 g	Kirschtomaten
2	kleine rote Chilischoten
2	kleine Lorbeerblätter
50 ml	Olivenöl
	Salz, frisch gemahlener Pfeffer
250 g	Rigatoni

• Den Backofen auf 200° (Umluft 180°, Gas Stufe 4) vorheizen. Thymian abspülen und trocken schütteln. Die äußere weiße Schale der Knoblauchzwiebel entfernen und die Schalotten abziehen. Den Knoblauch in Zehen teilen und mit Schalotten, abgespülten Kirschtomaten, Chilischoten, Lorbeerblättern und Thymian in eine ofenfeste Form geben.

• Das Olivenöl darübergießen und das Gemüse im Ofen etwa 30–40 Min. backen. Mit Salz und Pfeffer würzen.

• Die Nudeln nach Packungsangabe in reichlich kochendem Salzwasser bissfest kochen, in ein Sieb gießen, kurz abtropfen lassen, in eine große vorgewärmte Schüssel geben und zusammen mit dem Ofengemüse servieren.

Dazu frisch geriebener Parmesan-Käse

Tipps Das Ofengemüse schmeckt auch ohne Nudeln, nur mit Weißbrot oder kalt als Antipasti super!

Ab April wird im Handel frischer junger Knoblauch angeboten. Die Haut um die Knoblauchzwiebel herum ist noch nicht getrocknet und meist ist auch noch ein etwas längerer Stängel daran. Die Zehen sind noch nicht so dick ausgebildet und der Geschmack ist insgesamt milder.

Rigatoni *mit* Seelachs

preiswert

4	**Portionen**
	Zubereitungszeit 45 Min.
Pro Portion	ca. 530 kcal, E 38 g, F 14 g, KH 58 g

1	große Aubergine (etwa 400 g)	350 g	Rigatoni
	Salz	1 EL	Tomatenmark
1	Zwiebel		frisch gemahlener Pfeffer
2	Knoblauchzehen		etwas Zucker
1–2 Zweige	Rosmarin	600 g	Seelachsfilet (Köhler)
4 EL	Öl	1–2 EL	Zitronensaft
1 Dose	geschälte Tomaten (800 g)		Mehl zum Wenden
½ l	Gemüsebrühe		

• Die Aubergine putzen, abspülen und in Scheiben schneiden. Die Scheiben von beiden Seiten mit Salz bestreuen und auf Küchenkrepp legen. 10 Min. ziehen lassen.

• Inzwischen Zwiebel und Knoblauch abziehen. Zwiebel in Scheiben schneiden. Knoblauchzehen durch eine Knoblauchpresse drücken. Rosmarin abspülen, trocken schütteln und die Nadeln abzupfen.

• Die Auberginenscheiben abtupfen und in Würfel schneiden. 2 EL Öl in einem großen Topf erhitzen und die Auberginenwürfel darin braun anbraten. Zwiebel, Knoblauch und Rosmarin dazugeben und mitbraten.

• Die geschälten Tomaten mit der Flüssigkeit und die Brühe dazugießen und alles aufkochen lassen. Die Nudeln dazugeben und mit schräg aufgelegtem Deckel unter gelegentlichem Rühren etwa 10 Min. bissfest kochen.

• Tomatenmark unter die Sauce rühren. Sauce mit Salz, Pfeffer und Zucker abschmecken. Eventuell offen noch etwas einkochen lassen. Warm halten.

• Inzwischen das Fischfilet abspülen und mit Zitronensaft beträufeln. Filet mit Salz und Pfeffer würzen. Fisch in vier Portionen schneiden und im Mehl wenden. Überschüssiges Mehl abklopfen. Restliches Öl in einer Pfanne erhitzen und die Fischstücke darin von jeder Seite 3–4 Min. braten. Fisch auf den Nudeln anrichten und sofort servieren.

Tipp Edel wird's, wenn statt Seelachs geschälte Riesengarnelen oder Seeteufelfilets zu den Nudeln gebraten werden.

Pasta mit Rindergulasch

raffiniert

4	**Portionen**
	Zubereitungszeit 1 Std. 20 Min.
Pro Portion	**ca. 640 kcal, E 34 g, F 17 g, KH 73 g**

350 g	Rindfleisch (aus der Hüfte)	400 g	Millerighe (dicke, kurze
3 EL	Olivenöl		Röhrennudeln)
	Salz, frisch gemahlener Pfeffer	1	Treviso-Salat
2	Zwiebeln	20 g	Butter
1	Knoblauchzehe	2 EL	Zucker
1 EL	Mehl	3–4 EL	weißer Balsamessig
300 ml	trockener Weißwein (oder Brühe)	2 EL	Schmand
300 ml	Rinderfond		

• Das Rindfleisch abspülen, trocken tupfen und würfeln. 1 EL Öl in einer Pfanne stark erhitzen, die Hälfte der Fleischwürfel darin rundherum kräftig braun anbraten und mit Salz und Pfeffer würzen. Herausnehmen und warm stellen. Mit der zweiten Hälfte ebenso verfahren.

• Zwiebeln und Knoblauch abziehen, fein würfeln und im Bratfett glasig dünsten. Fleisch wieder dazugeben, mit Mehl bestäuben und kurz andünsten.

• Wein und Fond dazugießen, gut verrühren und zugedeckt bei kleiner Hitze etwa 45 Min. kochen lassen. Mit Salz und Pfeffer abschmecken.

• Inzwischen die Nudeln nach Packungsangabe in reichlich kochendem Salzwasser bissfest kochen, in ein Sieb gießen, abtropfen lassen und anschließend warm stellen.

• Treviso längs vierteln oder achteln, sodass die Blätter am Wurzelansatz noch zusammenhängen, abspülen und trocken schütteln.

• Butter und restliches Olivenöl in einer Pfanne erhitzen. Den Zucker einstreuen und darin karamellisieren lassen. Essig dazugießen und bei kleiner Hitze zu einem Sirup einkochen lassen. Den Treviso-Salat in die Pfanne geben und kurz im Essigsud schwenken. Schmand unter das Gulasch rühren. Nudeln, Gulasch und Treviso anrichten.

Tipp Treviso-Salat ist eine Zuchtvariante des Radicchio. Die Blätter bilden keinen runden Salatkopf, sondern sind lang gestreckt. Wenn es keinen Treviso gibt, Radicchio- oder Chicorée-Salat kaufen.

Orecchiette mit Roten Beten

vegetarisch | raffiniert

4 Portionen
Zubereitungszeit 40 Min.
Pro Portion ca. 415 kcal, E 8 g, F 24 g, KH 42 g

6	frische Rote Beten (etwa 750 g)	350 g	Orecchiette
1	Saftorange	½ Bund	Schnittlauch
2 TL	Kreuzkümmelsamen (Cumin)	½ Bund	glatte Petersilie
1 TL	Koriandersamen	1 Stück	frischer Meerrettich (3 cm)
3 EL	Öl	150 g	Crème fraîche
	Salz, frisch gemahlener Pfeffer	150 ml	Gemüsebrühe
	Zucker		

● Die Roten Beten schälen, erst in Scheiben, dann in Stifte schneiden. Den Saft der Orange auspressen.

● Kreuzkümmel und Koriander in einem Mörser fein zerstoßen. Das Öl in einer großen Pfanne erhitzen. Beide Gewürze darin anbraten, bis sie duften. Die Roten Betenstifte dazugeben und anbraten. Orangensaft dazugießen und die Roten Beten unter Rühren bei kleiner Hitze etwa 15–20 Min. dünsten. Mit Salz, Pfeffer und etwas Zucker abschmecken. Warm halten.

● Inzwischen die Nudeln nach Packungsangabe in reichlich kochendem Salzwasser bissfest kochen.

● Den Schnittlauch und die Petersilie abspülen und trocken schütteln. Etwas vom Schnittlauch für die Deko beiseitelegen. Restlichen Schnittlauch und Petersilienblättchen fein hacken. Meerrettich schälen und fein reiben. Kräuter, Meerrettich, Crème fraîche und die heiße Gemüsebrühe verrühren. Mit Salz und Pfeffer abschmecken.

● Die Nudeln in ein Sieb gießen und kurz abtropfen lassen. Dabei etwas Nudelwasser auffangen. Die Nudeln tropfnass mit der Kräuter-Crème fraîche mischen. Eventuell noch etwas Nudelwasser dazugeben und nochmals abschmecken.

● Die Roten Beten zu den Nudeln servieren und eventuell mit einigen Schnittlauchhalmen garnieren.

Tipp Rote Beten gibt es auch fertig gekocht und geschält im Vakuumpack zu kaufen. Die Roten Betenstifte dann nur kurz mit den Gewürzen in der Pfanne anbraten. Die Garzeit von 15–20 Min. entfällt.

Orecchiette *mit Oliven*

vegetarisch | schnell

2	**Portionen**
	Zubereitungszeit 25 Min.
Pro Portion	**ca. 645 kcal, E 23 g, F 35 g, KH 58 g**

150 g	Orecchiette
	Salz
200 g	Antipasti-Auberginen (aus dem Glas)
2	Knoblauchzehen
125 g	Büffelmozzarella-Käse
1 kl. Zweig	Rosmarin
1–2 Stängel	Majoran
1 TL	getrockneter Oregano
85 g	schwarze Oliven mit Stein
	frisch gemahlener Pfeffer
	etwas Zitronensaft

• Die Nudeln nach Packungsangabe in reichlich kochendem Salzwasser bissfest kochen, in ein Sieb gießen und abtropfen lassen. Dabei etwas Nudelwasser auffangen.

• Auberginen abtropfen lassen und dabei das Öl auffangen. Auberginen in etwa 1 cm große Würfel schneiden. Knoblauch abziehen und in Scheiben schneiden. Den Mozzarella abtropfen lassen und würfeln.

• 1 EL Öl von den Auberginen in einer Pfanne erhitzen. Die Auberginenwürfel und Knoblauchscheiben darin braun anbraten.

• Frische Kräuter abspülen, trocken schütteln, die Nadeln oder Blättchen grob hacken. Frische Kräuter, Oregano, Nudeln, Mozzarella und Oliven mit in die Pfanne geben und darin erhitzen. Eventuell noch etwas Kochwasser von den Nudeln dazugießen. Mit Salz, Pfeffer und Zitronensaft abschmecken.

Dazu grüner Salat

Tipp Der echte italienische Mozzarella wird traditionell aus Büffelmilch hergestellt, ist daher etwas teurer und nicht überall zu haben. Preiswerter sind mozzarellaähnliche Produkte, die inzwischen auch in Deutschland aus Kuhmilch hergestellt werden. Den besten Geschmack hat aber immer noch das Original.

Garganelli-Kräuter-Salat

vegetarisch | schnell | einfach

4	**Portionen**
	Zubereitungszeit 20 Min.
Pro Portion	ca. 495 kcal, E 18 g, F 14 g, KH 74 g

400 g	Garganelli (kurze Röhrennudeln)
	Meersalz
je ½ Bund	Schnittlauch, Petersilie und Minze
1	Zitrone
200 g	gegrillte Paprikaschoten (aus dem Glas)
100 g	Feta-Schafkäse
3 EL	Olivenöl
	frisch gemahlener Pfeffer

● Die Nudeln nach Packungsangabe in reichlich kochendem Salzwasser bissfest kochen, in ein Sieb gießen und abtropfen lassen.

● Die Kräuter abspülen und trocken schütteln. Den Schnittlauch in Röllchen schneiden. Von den anderen Kräutern die Blättchen abzupfen und fein hacken.

● Von der Zitrone den Saft auspressen. Die gegrillten Paprikaschoten abtropfen lassen und in Streifen schneiden. Den Feta-Käse grob zerbröckeln.

● Die Nudeln mit den gehackten Kräutern, dem Zitronensaft, dem Olivenöl, den Paprikastreifen und dem Käse vorsichtig mischen. Den Salat mit Salz und Pfeffer würzen.

Tipp Feta-Käse kommt ursprünglich aus Griechenland und wurde aus Schaf- oder Ziegenmilch hergestellt. Feta bedeutet »Scheibe«. Der Käse wird in flache Quader geschnitten und reift in einer kräftigen Salzlake etwa 4–6 Wochen. Sein Fettgehalt liegt zwischen 45 und 59 % und die Konsistenz ist leicht bröckelig. Heute wird Feta aus Kuhmilch auch in Deutschland hergestellt.

Steckrüben-Carbonara

einfach | preiswert

3	**Portionen**
	Zubereitungszeit 25 Min.
Pro Portion	**ca. 670 kcal, E 30 g, F 32 g, KH 65 g**

400 g	Steckrüben
250 g	Casarecce (kurze, längs der Ränder eingerollte Nudeln)
	Salz
2–3 Stängel	Basilikum
150 g	durchwachsener Speck
2	ganz frische Eier
150 ml	Milch
50 g	Sahne
	frisch gemahlener Pfeffer
	frisch geriebene Muskatnuss
30 g	frisch geriebener Parmesan-Käse

• Die Steckrüben schälen, zuerst in Scheiben, dann in Spalten schneiden. Die Nudeln nach Packungsangabe in reichlich kochendem Salzwasser bissfest kochen. Steckrüben 4 Min. vor Ende der Garzeit dazugeben. Nudeln und Steckrüben in ein Sieb gießen und abtropfen lassen.

• Basilikum abspülen, trocken schütteln und die Blättchen abzupfen. Den Speck in kleine Würfel schneiden und in einer Pfanne bei kleiner Hitze langsam kross ausbraten. Inzwischen Eier, Milch, Sahne, etwas Salz, Pfeffer und Muskatnuss miteinander verrühren.

• Abgetropfte Nudeln zum Speck in die Pfanne geben und gut mischen. Eiermilch darübergießen und bei kleiner Hitze leicht stocken lassen. Die Eimasse soll aber noch cremig bleiben.

• Die Carbonara mit frisch geriebenem Parmesan-Käse und Basilikumblättchen bestreuen. Nochmals abschmecken und sofort servieren.

Tipp Der Steckrübe haftet bei vielen noch immer das Image als »Armeleuteessen« an. Aber sogar die Spitzengastronomie hat sich in den letzten Jahren auf die Kohlrübe, wie sie auch genannt wird, besonnen. Richtig zubereitet schmeckt sie ausgezeichnet und ihr Aroma erinnert etwas an herbsüße Möhren.

Rigatoni *mit Garnelen*

schnell | für Gäste

4	**Portionen**
	Zubereitungszeit 30 Min.
Pro Portion	ca. 605 kcal, E 42 g, F 19 g, KH 64 g

300 g	Rigatoni
	Salz
20	rohe ungeschälte Riesengarnelen (ohne Kopf à 30 g)
1	Limette
je 250 g	rote und gelbe Kirschtomaten
1 EL	Olivenöl
4 EL	Ahornsirup
2 EL	Balsamessig
½ Bund	Oregano
	frisch gemahlener Pfeffer
1	reife Avocado

• Die Nudeln nach Packungsangabe in reichlich kochendem Salzwasser bissfest kochen, in ein Sieb gießen und abtropfen lassen.

• Garnelen bis auf das Schwanzende aus den Schalen lösen, am Rücken entlang einschneiden und den dunklen Darm entfernen. Garnelen abspülen und mit Küchenkrepp trocken tupfen. Die Limette auspressen und die Hälfte des Safts über die Garnelen träufeln. Die Kirschtomaten abspülen und trocken tupfen.

• Das Olivenöl in einer Pfanne erhitzen und die Garnelen darin anbraten und salzen. Ahornsirup und Essig dazugeben und alles kurz schwenken. Oregano abspülen, trocken schütteln und die Blättchen abzupfen. Nudeln, Kirschtomaten und Oregano zu den Garnelen in die Pfanne geben, alles erhitzen und etwa 3 Min. bei mittlerer Hitze schmoren. Mit Salz und Pfeffer abschmecken.

• Die Avocado halbieren und den Stein entfernen. Das Fruchtfleisch schälen, in kleine Würfel schneiden und den restlichen Limettensaft und etwas Salz darübergeben. Anschließend die Avocadowürfel vorsichtig unter die Nudeln mischen und sofort servieren.

Tipp Reife Avocados haben ein butterweiches Fruchtfleisch und schmecken sahnig und mild. Sie können süß und salzig zubereitet werden. Aber Achtung! 100 g Avocadofruchtfleisch enthalten etwa 20–24 g Fett, kein Leichtgewicht beim Kalorienzählen also.

Erdnussnudeln

vegetarisch | schnell

2	**Portionen**
	Zubereitungszeit 20 Min.
Pro Portion	**ca. 270 kcal, E 11 g, F 13 g, KH 27 g**

150 g	kurze Nudeln
	Salz
1	Lauchzwiebel
50 g	Erdnusscreme mit Stückchen

• Zuerst die Nudeln nach Packungsangabe in reichlich kochendem Salzwasser bissfest kochen.

• Inzwischen die Lauchzwiebel putzen, abspülen und in feine Streifen schneiden. Kurz vor dem Abgießen der Nudeln die Lauchzwiebelstreifen mit ins Kochwasser geben, einmal aufkochen lassen. Nudeln und Lauchzwiebel in ein Sieb gießen und abtropfen lassen. Dabei etwas Nudelwasser auffangen.

• Die Erdnusscreme mit 50 ml Nudelwasser verrühren. Die Sauce eventuell mit etwas Salz nachwürzen. Nudeln mit der Sauce servieren.

Dazu frisch geriebener Parmesan-Käse

Tipps Ähnlich schnelle Nudelsaucen für 2 Portionen:

50 g Kräuterfrischkäse und 50 ml Milch verrühren, langsam erhitzen und 1 EL fein geschnittene Basilikumblättchen unterrühren.

2 EL Tomatenmark, 4 EL Milch und 4 EL Sahne verrühren, erhitzen und mit etwas gekörnter Brühe abschmecken.

2–3 EL Basilikum-Pesto (aus dem Glas) und 50 ml Nudelkochwasser verrühren, erhitzen, mit den Nudeln mischen und etwas frisch geriebenen Parmesan-Käse darüberstreuen.

3 getrocknete Tomaten in Öl und 1 EL grüne entsteinte Oliven hacken und mit 1 EL abgetropften Kapern mischen. 4 EL Nudelwasser unterrühren, erhitzen und mit den Nudeln mischen.

Paccheri-Salat *mit Avocado*

vegetarisch | schnell | einfach

4	**Portionen**
	Zubereitungszeit 25 Min.
Pro Portion	**480 kcal, E 10 g, F 31 g, KH 38 g**

200 g	Paccheri (kurze, dicke Röhrennudeln)
	Salz
1 EL	Olivenöl
2	rote Chilischoten
1	Limette
1	Avocado (etwa 400 g)
	Meersalz
2	Lauchzwiebeln
1 Stück	frischer Ingwer (2 cm)
250 g	Joghurt

• Die Nudeln nach Packungsangabe in reichlich kochendem Salzwasser bissfest kochen, in ein Sieb gießen, mehrfach mit kaltem Wasser abspülen und gut abtropfen lassen. Mit dem Olivenöl mischen.

• Chilischoten abspülen, längs halbieren und entkernen (mit Küchenhandschuhen arbeiten!). Limette heiß abspülen, trocken tupfen und in hauchdünne Scheiben schneiden. Die Avocado halbieren und den Stein entfernen. Das Fruchtfleisch schälen und in kleine Würfel schneiden. Alles mit den Nudeln mischen und mit etwas Meersalz würzen.

• Lauchzwiebeln putzen, abspülen und 1 Lauchzwiebel in lange Streifen schneiden. Streifen in kaltes Wasser legen, damit sie sich kringeln. Die andere Lauchzwiebel in dünne Ringe schneiden.

• Den Ingwer schälen, in kleine Stücke schneiden und die Stücke durch eine Knoblauchpresse drücken. Ingwer, Joghurt und Lauchzwiebelringe verrühren. Die Mischung in eine große Schüssel geben.

• Die Avocado-Nudel-Mischung darauf verteilen und mit den langen Lauchzwiebellocken umlegen. Den Salat erst kurz vor dem Essen am Tisch mischen.

Tipp Durch die Chilischoten ist der Salat sehr scharf. Wer weniger Schärfe möchte, lässt die Chilis weg und würzt den Salat mit einem Spritzer Tabasco oder nur mit frisch gemahlenem Pfeffer.

Vollkorn-Spirelli mit Salbei

vegetarisch | schnell | preiswert

4	**Portionen**
	Zubereitungszeit 35 Min.
Pro Portion	**ca. 605 kcal, E 16 g, F 41 g, KH 44 g**

200 g	festkochende Kartoffeln
6–8	große Salbeiblätter
1 kl. Zweig	Rosmarin
4 EL	Olivenöl
250 g	flüssige saure Sahne
	Salz, frisch gemahlener Pfeffer
200 g	Vollkorn-Spirelli
20 g	Butter
100 g	pikanter, fettreduzierter Schnittkäse (z. B. Tilsiter oder Gouda)
1 Bund	Basilikum

• Kartoffeln schälen und in kleine Würfel schneiden. Salbei und Rosmarin abspülen, trocken schütteln und vom Rosmarin die Nadeln abzupfen. Das Olivenöl in einer Pfanne erhitzen und Salbeiblätter und Rosmarinnadeln bei kleiner Hitze darin rösten. Kräuter aus der Pfanne nehmen und die Kartoffelwürfel im heißen Öl 3–4 Min. braten. Saure Sahne unterrühren, mit Salz und Pfeffer abschmecken und warm halten.

• Die Nudeln nach Packungsangabe in reichlich kochendem Salzwasser bissfest kochen, in ein Sieb gießen, kurz abtropfen lassen und mit der Butter gut mischen.

• Käse grob reiben. Basilikum abspülen, trocken schütteln, Blättchen abzupfen und in Streifen schneiden.

• Nudeln mit der Kartoffelmischung, geröstetem Rosmarin, geriebenem Käse und Basilikum mischen und mit den Salbeiblättern umlegen. Sofort servieren.

Tipp Vollkornnudeln sind einfach gesünder als helle Nudeln. Sie liefern Mineralstoffe und Vitamine und haben mehr Ballaststoffe. Glutenfrei sind Vollkornnudeln aber nicht. Eine gute Alternative für Glutenallergiker sind Nudeln aus Buchweizenmehl.

Farfalle *mit Lachs*

raffiniert

2	**Portionen**
	Zubereitungszeit 30 Min.
Pro Portion	**ca. 745 kcal, E 33 g, F 33 g, KH 76 g**

2	Zitronen
1	Vanilleschote
4 EL	Olivenöl
	Salz
1 Prise	Zucker
200 g	ganz frisches Lachsfilet
200 g	Farfalle
50 g	Rauke
	frisch gemahlener Pfeffer

• Für die Marinade von den Zitronen den Saft auspressen. Vanilleschote längs aufschneiden und das Mark mit einem spitzen Messer herauskratzen. Zitronensaft, Vanillemark, Öl, 1 Prise Salz und Zucker verrühren.

• Das Lachsfilet abspülen und mit Küchenkrepp gut trocken tupfen. Filet in dünne Scheiben schneiden und in eine Form mit Rand legen. Lachs mit der Marinade begießen und 15 Min. ziehen lassen.

• Inzwischen die Nudeln nach Packungsangabe in reichlich kochendem Salzwasser bissfest kochen, in ein Sieb gießen und kurz abtropfen lassen.

• Rauke abspülen, trocken schütteln und in etwa 3–4 cm lange Stücke schneiden. Die ganz heißen Nudeln und den Lachs mit der Marinade mischen, sodass der Lachs durch die Hitze der Nudeln noch etwas gart. Die Rauke untermischen und die Pasta mit Salz und Pfeffer würzen. Sofort servieren.

Tipp Bei diesem Gericht muss der Lachs unbedingt ganz frisch sein und Sushi-Qualität haben, sodass er auch roh unbedenklich gegessen werden kann. Säure und Hitze garen den Fisch zwar, aber das Lachsfleisch bleibt im Inneren immer noch zum Teil roh.

Die Langen

Supermodels tragen Haute Couture und lange Nudeln sind
so etwas wie Supermodels. Sie sehen toll aus und passen
am besten zu feinen, leichten Saucen, zu Fisch und Meeres-
früchten. Entdecken Sie Spaghetti und ihre Schwestern:
Die Bucatini, die Bavette, die Capellini…

Spaghetti *mit Pancetta*

schnell | einfach

4	**Portionen**
	Zubereitungszeit 30 Min.
Pro Portion	**ca. 500 kcal, E 21 g, F 15 g, KH 69 g**

400 g	Spaghetti
	Salz
100 g	Pancetta (italienischer Speck oder durchwachsener Speck)
1	Gemüsezwiebel
3–4	rote Peperoni
1 Dose	Kirschtomaten (800 g; oder 1 große Dose geschälte Tomaten)
	frisch gemahlener Pfeffer
2 Stängel	Basilikum

• Die Nudeln nach Packungsangabe in reichlich kochendem Salzwasser bissfest kochen, in ein Sieb gießen, kurz abtropfen lassen und warm stellen.

• Pancetta grob würfeln. Die Zwiebel abziehen und würfeln. Die Peperoni abspülen, längs halbieren, entkernen und die Schoten in Streifen schneiden (mit Küchenhandschuhen arbeiten!).

• Pancetta in einem Topf bei kleiner Hitze langsam auslassen. Die Peperoni und die Zwiebelwürfel zufügen und glasig dünsten.

• Die Tomaten mit der Flüssigkeit in den Topf geben und mit Salz und Pfeffer würzen. Zugedeckt bei kleiner Hitze etwa 15 Min. kochen lassen.

• Basilikum abspülen, trocken schütteln und die Blättchen abzupfen. Spaghetti mit der Tomatensauce servieren. Mit den Basilikumblättchen garnieren.

Tipp Pancetta wird je nach Region mit verschiedenen Kräutern eingelegt, gesalzen und dann luftgetrocknet. Gelegentlich gibt es auch geräucherte Exemplare. In Italien verwendet man Pancetta zum Kochen wie bei uns den geräucherten durchwachsenen Speck. Magerer Pancetta wird auch als Aufschnitt angeboten.

Fusilli lunghi mit Tofu

schnell | vegetarisch

4	**Portionen**
	Zubereitungszeit 30 Min.
Pro Portion	**ca. 585 kcal, E 27 g, F 18 g, KH 79 g**

4	Roma-Tomaten
1 Bund	Lauchzwiebeln
250 g	geräucherter Tofu
4 Zweige	Thymian
200 g	Ajvar (Paprikapaste aus dem Glas)
	Salz, frisch gemahlener Pfeffer
2 EL	Olivenöl
400 g	Fusilli lunghi (lange, dünne spiralförmige Nudeln)
40 g	frisch geriebener Parmesan-Käse

• Den Backofen auf 200° (Umluft 180°, Gas Stufe 4) vorheizen. Tomaten abspülen und halbieren. Lauchzwiebeln putzen, abspülen und längs halbieren.

• Tofu abspülen und in Scheiben schneiden. Die Scheiben schräg halbieren. Thymian abspülen, trocken schütteln und kleine Ästchen abzupfen.

• Ajvar in eine ofenfeste Form geben. Das vorbereitete Gemüse, Thymian und die Tofuecken darauflegen. Mit Salz und Pfeffer würzen und das Olivenöl darüberträufeln. Die Form in den Backofen stellen und das Gemüse darin etwa 20 Min. schmoren lassen.

• Die Nudeln nach Packungsangabe in reichlich kochendem Salzwasser bissfest kochen, in ein Sieb gießen und kurz abtropfen lassen. Nudeln zum Gemüse servieren und den Parmesan darüberstreuen.

Tipps Ajvar ist eine rote Paste, die aus Paprikaschoten hergestellt wird. Die Schoten werden geschmort, zu feinem Püree zerkleinert und eingekocht. Pikant gewürzt schmeckt Ajvar als Brotaufstrich oder zu gebratenem oder gegrilltem Fleisch.

Die Fusilli lunghi sind nicht in jedem Supermarkt zu haben. Sie können durch andere lange Nudeln (Spaghetti oder Bandnudeln) ersetzt werden.

Pasta mit *Tomaten-Sugo*

vegetarisch | einfach | schnell

4	**Portionen**
	Zubereitungszeit 30 Min.
Pro Portion	ca. 390 kcal, E 14 g, F 11 g, KH 58 g

800 g	Tomaten
2	Knoblauchzehen
3 EL	Olivenöl
	Salz, frisch gemahlener Pfeffer
4 Stängel	Oregano
30 g	Parmesan-Käse
300 g	Spaghetti

● Die Tomaten abspülen, die Stielansätze herausschneiden und die Tomaten würfeln. In eine Schüssel geben.

● Den Knoblauch abziehen und durch eine Knoblauchpresse drücken. Zerdrückten Knoblauch und 2 EL Olivenöl zu den Tomaten geben, alles gut mischen und mit Salz und Pfeffer würzen.

● Oregano kalt abspülen und trocken schütteln. Die Blättchen abzupfen, in Streifen schneiden und in die Sauce rühren. Parmesan mit einem Sparschäler in dünne Scheiben hobeln.

● Die Nudeln nach Packungsangabe in reichlich kochendem Salzwasser bissfest kochen, in ein Sieb gießen, kurz abtropfen lassen und anschließend mit 1 EL Olivenöl mischen.

● Die heißen Spaghetti sofort mit der kalten Tomatensauce servieren und die Parmesan-Scheiben darüberstreuen.

Tipps Die kalte Tomatensauce passt auch super auf geröstete Weißbrot- oder Ciabatta-Scheiben. So werden gleich die beliebten italienischen Bruschette (geröstete Ciabatta-Scheiben) daraus, die wunderbar zu kaltem Prosecco schmecken.

Tomaten gehören nicht in den Kühlschrank. Zu kalt aufbewahrt verlieren sie ihr Aroma. Am besten lagern sie bei 14–16° und nicht mit anderem Gemüse zusammen. Tomaten geben einen Stoff ab, der andere Früchte schneller reifen lässt und ihr Aroma verändert.

Capellini mit Ziegenkäse

vegetarisch | schnell

4	**Portionen**
	Zubereitungszeit 20 Min.
Pro Portion	**ca. 500 kcal, E 17 g, F 15 g, KH 74 g**

100 g	Zuckerschoten
50 g	Sahne
100 ml	Gemüsebrühe
125 g	Ziegenfrischkäse
	Salz, zerstoßener Pfeffer-Mix
	frisch geriebene Muskatnuss
400 g	Capellini (sehr dünne Spaghetti)

● Von den Zuckerschoten die Enden knapp abschneiden. Zuckerschoten abspülen, trocken tupfen und in feine Streifen schneiden.

● Sahne und Brühe aufkochen und den Käse dazugeben. So lange rühren, bis er geschmolzen ist. Die Käsesauce mit Salz, Pfeffer und Muskat würzen und warm stellen.

● Die Nudeln nach Packungsangabe in reichlich kochendem Salzwasser bissfest kochen, in ein Sieb gießen und kurz abtropfen lassen. Nudeln und Käsesauce mischen und mit den frischen Zuckerschoten bestreuen.

Tipps Die feinen Capellini sind in wenigen Minuten gar. Werden dickere Nudeln verwendet, eventuell zuerst die Nudeln kochen und währenddessen die Sauce zubereiten.

Wer den Geschmack von Ziegenkäse nicht mag, kann auch normalen Doppelrahmfrischkäse für die Sauce nehmen.

Ein Pfeffer-Mix besteht meist aus schwarzen, weißen und grünen Pfefferkörnern sowie rosa Pfefferbeeren. Die Nudeln können aber auch mit nur einer Pfeffersorte abgeschmeckt werden.

Pasta mit *Chilibröseln*

vegetarisch | schnell

4	**Portionen**
	Zubereitungszeit 30 Min.
	Grillzeit 15 Min.
Pro Portion	ca. 345 kcal, E 9 g, F 13 g, KH 47 g

400 g	rote Paprikaschoten	500 g	Bandnudeln
400 g	Zucchini		Salz
3 Scheiben	altbackenes Toastbrot	1	Knoblauchzehe
1	kleine rote Chilischote		frisch gemahlener Pfeffer
6 EL	Olivenöl	2 EL	Kapern

• Den Grill oder den Backofen auf höchster Stufe vorheizen. Die Paprikaschoten vierteln, entkernen und abspülen. Mit der Hautseite nach oben auf einen Grillrost legen und unter dem Grill oder im Backofen etwa 15 Min. grillen, bis die Haut schwarz wird und Blasen wirft. Paprika in einen Gefrierbeutel geben und etwa 10 Min. ziehen lassen (so löst sich die Haut besser).

• Inzwischen die Zucchini abspülen und die Enden knapp abschneiden. Die Zucchini quer halbieren und längs in sehr dünne Scheiben schneiden. Von den Paprikaschoten die Haut abziehen. Paprika in Rauten schneiden.

• Für die Chili-Brösel Toastbrot eventuell entrinden und das Brot mit den Händen fein zerkrümeln. Die Chilischote abspülen, längs halbieren, entkernen und fein hacken (mit Küchenhandschuhen arbeiten!). Dann die Brotkrümel mit 2 EL Olivenöl vermischen und in einer Pfanne goldbraun rösten. Chili dazugeben und 2 Min. mitbraten.

• Die Nudeln nach Packungsangabe in reichlich kochendem Salzwasser bissfest kochen. Inzwischen das restliche Öl in einer Pfanne erhitzen und die Zucchinischeiben darin leicht anbraten, bis sie weich sind. Knoblauch abziehen und durch eine Knoblauchpresse drücken. Zu den Zucchini geben. Die Zucchini mit Salz und Pfeffer würzen. Paprika und Kapern dazugeben.

• Die Nudeln in ein Sieb gießen, kurz abtropfen lassen, mit dem Gemüse und den Kapern mischen und die Chilibrösel darüberstreuen. Sofort servieren.

Tipp Wer auf die scharfen Brösel verzichten möchte, reibt 40 g Parmesan- oder Pecorino-Käse über die Nudeln und gibt noch 1–2 EL gutes Olivenöl darüber.

Tagliatelle *mit Auberginen*

vegetarisch

2	**Portionen**
	Zubereitungszeit 50 Min.
Pro Portion	ca. 575 kcal, E 21 g, F 20 g, KH 77 g

1	große Aubergine (etwa 400 g)
	Salz
1	weiße Zwiebel
1	Knoblauchzehe
200 g	rote Bandnudeln
2 EL	Olivenöl
20 g	Pinienkerne
	frisch gemahlener Pfeffer
2 Stängel	Basilikum
20 g	Parmesan-Käse

• Die Aubergine abspülen, trocken tupfen und grob würfeln. Die Würfel mit 1½ TL Salz mischen. Auberginenwürfel in ein Sieb geben und etwa 30 Min. abtropfen lassen. Inzwischen Zwiebel und Knoblauch abziehen und fein würfeln.

• Die Nudeln nach Packungsangabe in reichlich kochendem Salzwasser bissfest kochen. Das Öl in einer großen Pfanne erhitzen. Knoblauch und Zwiebel darin glasig dünsten. Die Auberginenwürfel zufügen und etwa 5 Min. kräftig braten.

• Die Pinienkerne in die Pfanne geben und weitere 2 Min. braten. Das Gemüse mit Pfeffer abschmecken.

• Basilikum abspülen, trocken schütteln und die Blättchen abzupfen. Die Nudeln in ein Sieb gießen und kurz abtropfen lassen.

• Nudeln sofort mit den Auberginen mischen. Den Parmesan darüberreiben und den Basilikum darüberstreuen. Sofort servieren.

Tipps Auberginen enthalten manchmal noch Bitterstoffe. Durch das Salzen werden Wasser und Bitterstoffe aus den Früchten gezogen und das Fruchtfleisch wird fester.

Pinienkerne am besten immer kurz mitbraten oder vorher in einer Pfanne ohne Fett goldgelb rösten. Dadurch bekommen die kleinen Kerne ein besonders nussiges Aroma.

Nudel-Frittata

einfach | schnell

2	**Portionen**
	Zubereitungszeit 30 Min.
Pro Portion	ca. 590 kcal, E 27 g, F 21 g, KH 72 g

200 g	Tagliatelle mit Steinpilzen (Feinkostgeschäft; oder einfache Bandnudeln)	40 g	geräucherter durchwachsener Speck
	Salz	2 Zweige	Thymian
1–2	Knoblauchzehen	180 g	Kräuterseitlinge (oder Champignons oder Austernpilze)
2	Eier	1 kl. Zweig	Rosmarin
100 g	Sahne	100 g	Kirschtomaten
	frisch gemahlener Pfeffer		

• Die Nudeln nach Packungsangabe in reichlich kochendem Salzwasser bissfest kochen, in ein Sieb gießen und abtropfen lassen.

• Knoblauchzehen abziehen und durch eine Knoblauchpresse drücken. Knoblauch mit den Eiern und der Sahne verquirlen und die Mischung mit Salz und Pfeffer würzen.

• Den Speck fein würfeln und in einer möglichst beschichteten Pfanne langsam bei kleiner Hitze kross ausbraten.

• Thymian abspülen, trocken schütteln und die Blättchen von den Zweigen zupfen. Pilze putzen und je nach Größe eventuell halbieren. Speck, Pilze, Nudeln und Thymian mischen und gleichmäßig in der Pfanne verteilen.

• Die Eiersahne über die Nudeln gießen und zugedeckt bei mittlerer Hitze stocken lassen. Frittata auf eine Platte gleiten lassen und warm halten. Rosmarin abspülen, trocken schütteln, in kleine Stücke zupfen, abwechselnd mit den abgespülten und trocken getupften Tomaten auf Schaschlikspieße stecken und in der heißen Pfanne kurz von zwei Seiten schmoren. Salzen und pfeffern und zur Frittata reichen.

Tipp Den Nudelauflauf mit kurzen Nudeln wie Penne oder Farfalle zubereiten. Die Eiersahne stockt in der Pfanne und gibt den Nudeln und den anderen Zutaten die Bindung, sodass immer eine Frittata entsteht.

Bavette *mit Krebsschwänzen*

schnell | für Gäste | edel

2	**Portionen**
	Zubereitungszeit 30 Min.
Pro Portion	**ca. 470 kcal, E 23 g, F 4 g, KH 76 g**

100 g	kleine runde Schalotten
1 TL	Butter
100 ml	Weißwein (oder Gemüsebrühe mit einem Spritzer Zitronensaft)
1 TL	Zucker
½ TL	Anissamen
200 g	Bavette (sehr schmale Bandnudeln)
	Salz
100 g	Flusskrebsschwänze (aus dem Kühlregal)
	frisch gemahlener Pfeffer

• Die Schalotten mit kochendem Wasser übergießen und 4 Min. ziehen lassen. Schalotten abgießen, kurz abkühlen lassen und die Schale abziehen. Durch das Überbrühen weicht die Schale auf und die Schalotten lassen sich besser abziehen. Schalotten halbieren.

• Die Butter in einer Pfanne erhitzen und die Schalotten kurz darin anbraten. Weißwein, Zucker und Anis zufügen und zugedeckt bei kleiner Hitze etwa 10 Min. schmoren lassen.

• Inzwischen die Nudeln nach Packungsangabe in reichlich kochendem Salzwasser bissfest kochen, in ein Sieb gießen und kurz abtropfen lassen.

• Die Krebsschwänze zu den Schalotten in die Pfanne geben, kurz erhitzen und mit Salz und Pfeffer würzen. Krebsschwänze zu den Nudeln servieren.

Tipps Flusskrebsschwänze aus dem Kühlregal sind fix und fertig geputzt, aus den Schalen gelöst und müssen nur noch erhitzt werden. Wer keine Krebsschwänze bekommt, kann auch Garnelen- oder Muschelfleisch für die Nudeln nehmen.

Schalotten haben im Vergleich zu Zwiebeln ein feineres, weniger »zwiebeliges« Aroma und schmecken auch leicht süßlich. Für die feine Küche sind sie statt Zwiebeln die bessere Wahl.

Pesto-Spaghetti mit Kalmar

raffiniert

3	**Portionen**
	Zubereitungszeit 30 Min.
Pro Portion	ca. 790 kcal, E 36 g, F 48 g, KH 54 g

50 g	Haselnusskerne	120 g	Chorizo (spanische Paprika-wurst)
60 g	Parmesan-Käse		
1 Bund	Basilikum	250 g	frische geputzte Kalmare-Tuben (oder TK)
5 EL	Olivenöl		
	Salz, frisch gemahlener Pfeffer	50 g	Peppadews (Minipaprika aus dem Glas)
3 EL	Zitronensaft		
200 g	Strangozzi (extradicke Spaghetti)		

• Für das Pesto Haselnüsse in einer Pfanne ohne Fett rösten, bis die dunkle Haut der Nüsse Risse bekommt. Nüsse auf ein Küchentuch geben und mit den Händen kurz rubbeln, sodass sich die dunkle Haut löst.

• Parmesan fein reiben. Basilikum abspülen, trocken schütteln und die Blättchen abzupfen. Haselnüsse, Parmesan, Basilikum und Öl in einem Mixer zu einer feinen Paste verarbeiten. Mit Salz, Pfeffer und etwa 2 EL Zitronensaft abschmecken.

• Die Strangozzi nach Packungsangabe in reichlich kochendem Salzwasser bissfest kochen.

• Inzwischen die Chorizo-Wurst in Scheiben schneiden und ohne Fett in einer Pfanne langsam bei kleiner Hitze ausbraten. Die Kalmare abspülen, mit Küchen-krepp trocken tupfen, aufschneiden und halbieren. Von einer Seite die Haut diagonal einschneiden. Peppadews in einem Sieb abtropfen lassen und in breite Streifen schneiden.

• Chorizo aus der Pfanne nehmen und warm stellen. Die Kalmare im Bratfett an-braten. Die Nudeln in ein Sieb gießen und kurz abtropfen lassen. Dabei etwas Kochwasser auffangen (s. Tipp).

• Tropfnasse Nudeln, Chorizo, Pesto und Peppadews in die Pfanne geben, gut mischen und alles kurz erhitzen. Mit Salz, Pfeffer und 1 EL Zitronensaft ab-schmecken. Sofort servieren.

Tipp Falls die Nudeln sehr trocken sind, kurz vor dem Servieren noch etwas Kochwasser untermischen.

Klassiker

Spaghetti alla carbonara

Was ist der größte Klassiker im Land: der Carbonara-Song von
Spliff? Unsere Pasta? Wer sich nicht entscheiden kann,
hört beim Kochen einfach italienische Schlager. Basta!

3	**Portionen**
	Zubereitungszeit 30 Min.
Pro Portion	ca. 600 kcal, E 27 g, F 27 g, KH 60 g

250 g	Spaghetti
	Salz
150 g	durchwachsener Speck
3	ganz frische Eier
6 EL	Milch
	frisch geriebene Muskatnuss
	frisch gemahlener Pfeffer
2 EL	frisch geriebener Parmesan-Käse

• Die Nudeln nach Packungsangabe in reichlich kochendem Salzwasser bissfest kochen, in ein Sieb gießen und abtropfen lassen.

• Den Speck würfeln. Die Würfel in einer Pfanne bei kleiner Hitze langsam ausbraten (Step 1).

• Die Eier mit der Milch, etwas Salz, frisch geriebener Muskatnuss und Pfeffer
verrühren (Step 2). Dann die abgetropften Spaghetti zum Speck in die Pfanne
geben und gut vermischen.

• Eiermilch darübergießen und bei großer Hitze leicht stocken lassen (Step 3).
Die Eiermasse soll aber noch cremig bleiben. Mit frisch geriebenem Parmesan-
Käse bestreuen.

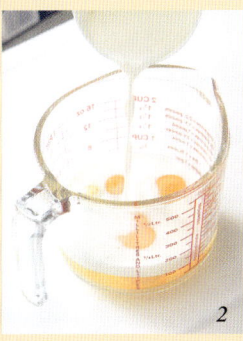

Tipp

Wer nicht sicher ist, dass die Eier
ganz frisch sind, lässt die Eiermilch
mit den Nudeln einmal richtig durch-
braten – dann wird's nicht so schön
cremig, aber die Salmonellengefahr
ist gebannt.

Pasta mit Pfeffer-Carbonara

schnell | einfach | preiswert

6	Portionen als Vorspeise
	Zubereitungszeit 20 Min.
Pro Portion	ca. 270 kcal, E 13 g, F 11 g, KH 29 g

250 g	Spaghetti
	Salz
75 g	Frühstücksspeck (Bacon)
3	ganz frische Eier
6 EL	Milch
	frisch geriebene Muskatnuss
2 EL	eingelegte grüne Pfefferkörner
30 g	Parmesan-Käse

• Die Nudeln nach Packungsangabe in reichlich kochendem Salzwasser bissfest kochen. Inzwischen den Speck in einer Pfanne ohne Fett bei mittlerer Hitze langsam knusprig ausbraten. Auf Küchenkrepp abtropfen lassen, die krossen Scheiben in Streifen brechen. Die Pfanne mit dem Speckfett beiseitestellen.

• Eier, Milch, etwas Salz und Muskat verquirlen. Die Pfefferkörner abtropfen lassen und unter die Eiermilch rühren.

• Spaghetti in ein Sieb gießen, kurz abtropfen lassen, ins ausgebratene Speckfett in die Pfanne geben und gut mischen. Eiermilch darübergießen und bei großer Hitze stocken, aber nicht zu fest werden lassen. Parmesan mit einem Sparschäler in dünne Scheiben hobeln. Die Pasta mit Speckstreifen und frisch gehobeltem Parmesan bestreuen.

Tipps Die klassische Carbonara wird ohne Pfefferkörner zubereitet. Der Pfeffer ist aber ein gutes Gegengewicht zu dem kräftigen Speckaroma.

Unbedingt ganz frische Eier nehmen, weil die Sauce nicht ganz durchstockt und ein Teil vom Ei flüssig und roh bleibt. Salmonellengefahr!

Als Hauptgericht reicht das Rezept für drei Portionen.

Bucatini *mit Rosenkohl*

vegetarisch | einfach

4	**Portionen**
	Zubereitungszeit 55 Min.
Pro Portion	ca. 630 kcal, E 18 g, F 25 g, KH 83 g

1	Zwiebel		frisch geriebene Muskatnuss
1	Knoblauchzehe	evtl. 3 EL	Madeira (portugiesischer Likörwein)
350 g	Sellerieknolle	350 g	Bucatini (dünne Makkaroni)
3 EL	Butter	300 g	Rosenkohl
300 ml	Gemüsebrühe	200 g	Maronen (küchenfertig im Vakuumpack)
100 ml	Milch		
100 g	Sahne	1 EL	Zucker
4–5 Zweige	Thymian		
	Salz, frisch gemahlener Pfeffer		

● Zwiebel und Knoblauch abziehen und beides fein hacken. Die Sellerieknolle schälen und grob würfeln. 1 EL Butter in einem Topf erhitzen und die Zwiebel, Knoblauch und Sellerie darin andünsten. Brühe, Milch und Sahne dazugießen und zugedeckt etwa 10–15 Min. kochen lassen. Alle Zutaten mit dem Stabmixer fein pürieren und eventuell durch ein Sieb streichen.

● Den Thymian abspülen, trocken schütteln und die Blättchen abzupfen. Thymian-blättchen zur Sauce geben. Die Sauce mit Salz, Pfeffer, Muskat und Madeira abschmecken und warm stellen. Die Nudeln nach Packungsangabe in reichlich kochendem Salzwasser bissfest kochen.

● Inzwischen den Rosenkohl putzen und in kochendem Salzwasser je nach Größe der Röschen etwa 4–5 Min. bissfest kochen. Rosenkohl abgießen und etwas abkühlen lassen. Die Maronen hacken. Rosenkohl quer in Scheiben schneiden. Restliche Butter erhitzen und den Rosenkohl zusammen mit den Maronen darin anbraten. Mit Zucker bestreuen, leicht karamellisieren lassen und mit Salz und Pfeffer abschmecken.

● Die Nudeln in ein Sieb gießen, kurz abtropfen lassen und tropfnass mit der Selleriesauce, Rosenkohl und den Maronen mischen.

Tipp Wer mag, kann Maronen auch selbst vorbereiten. Dafür 400 g frische unge-schälte Maronen mit einem scharfen Messer einritzen und in Wasser etwa 15 Min. kochen. Abgießen und kurz abkühlen lassen. Die Schale und die darunterliegende dunkle Haut entfernen.

Rosmarin-Butter-Spaghettini

vegetarisch | schnell | einfach

3	**Portionen**
	Zubereitungszeit 25 Min.
Pro Portion	**ca. 525 kcal, E 17 g, F 25 g, KH 58 g**

250 g	Spaghettini
	Salz
3–4	Knoblauchzehen
3 kl. Zweige	frischer Rosmarin
60 g	Butter
2 TL	gekörnte Brühe (Instant)
50 g	frisch geriebener Parmesan-Käse

• Die Nudeln nach Packungsangabe in reichlich kochendem Salzwasser bissfest kochen, in ein Sieb gießen und abtropfen lassen.

• Inzwischen den Knoblauch abziehen und fein hacken. Rosmarin abspülen, trocken schütteln und die Nadeln von den Zweigen streifen.

• Knoblauch, Rosmarin und Butter in einem Topf langsam erhitzen. Bei mittlerer Hitze etwa 5 Min. dünsten, dabei mehrmals umrühren. Brühe einstreuen und gut unterrühren.

• Die heiße Butter zu den Nudeln geben und alles gut miteinander mischen. Anschließend geriebenen Parmesan unterheben und sofort servieren. Nach Belieben weiteren Parmesan dazu reichen.

Tipp Rosmarin ist unter den Kräutern einfach zu erkennen, denn er hat schmale, kleine Blättchen, die an den Rändern etwas zusammengerollt sind und wie kleine Nadeln aussehen. Wichtigster Inhaltsstoff ist ein aromatisches ätherisches Öl (Oleum Rosmarini), das dem Kraut auch sein kräftiges Aroma verleiht. Rosmarin wird hauptsächlich in der Mittelmeerküche verwendet und ist bester Bestandteil vieler klassischer Rezepte. Der Geschmack ist würzig und herb und erinnert etwas an Kampfer.

Meeresfrüchte-Pasta

raffiniert | schnell

3	**Portionen**		
	Zubereitungszeit 30 Min.		
Pro Portion	**ca. 485 kcal, E 27 g, F 13 g, KH 60 g**		

1 Packung	TK-Frutti di Mare (275 g)	3 EL	Olivenöl
250 g	schwarze Tagliatelle (al Nero di Seppia)	50 ml	trockener Weißwein (oder Brühe)
	Salz	½ Bund	Thai-Basilikum (aus dem Asialaden; oder Basilikum)
3	Knoblauchzehen		
1	kleine rote Chilischote		

• Frutti di Mare noch gefroren in eine Schüssel mit warmem Wasser geben und auftauen lassen. Währenddessen die schwarzen Tagliatelle nach Packungsangabe in reichlich kochendem Salzwasser bissfest kochen, in ein Sieb gießen und abtropfen lassen.

• Inzwischen den Knoblauch abziehen und fein hacken. Chilischote abspülen, längs halbieren, entkernen und fein hacken (mit Küchenhandschuhen arbeiten!).

• Das Öl in einer Pfanne erhitzen und den Knoblauch und die Chili darin andünsten. Frutti di Mare abtropfen lassen und mit Küchenkrepp gut trocken tupfen. Zum Knoblauch und zur Chili in die Pfanne geben und anbraten.

• Den Weißwein in die Pfanne gießen, kurz aufkochen lassen und die abgetropften Nudeln dazugeben. Alles erhitzen und mit Salz abschmecken.

• Thai-Basilikum abspülen, trocken schütteln, Blättchen in Streifen schneiden und unter die Nudeln mischen.

Tipp Die Tinte von Sepien (Tintenfischen) gibt Nudeln ihre tiefschwarze Farbe. Sie ist fast geschmacksneutral und wird während der Nudelherstellung unter den Teig gearbeitet. Einmal schwarz, immer schwarz: Die Farbe bleibt auch beim Kochen erhalten, und das Kochwasser bleibt klar. Schwarze Nudeln passen gut zu hellen Saucen. Ideal sind sie zu Fisch und Krustentieren. Es gibt sie übrigens nicht nur als Bandnudeln, jede andere Form ist möglich und in Spezialitätengeschäften zu haben. Hin und wieder gibt es sogar frische oder tiefgekühlte Sepiatinte in Fischgeschäften zu kaufen – für selbst gemachte Sepia-Nudeln.

Pasta mit *Hähnchenragout*

schnell | einfach

4	**Portionen**		
	Zubereitungszeit 30 Min.		
Pro Portion	**ca. 620 kcal, E 44 g, F 21 g, KH 66 g**		

400 g	Papardelle	400 ml	Geflügelfond
	Salz	150 g	Sahne
½ Bund	Brunnenkresse		frisch gemahlener Pfeffer
1 kl. Stange	Porree	1 EL	heller Saucenbinder
3	einzelne Hähnchenbrustfilets à 150 g	½ Bund	Estragon
1 EL	Öl		

• Die Nudeln nach Packungsangabe in reichlich kochendem Salzwasser bissfest kochen, in ein Sieb gießen und abtropfen lassen.

• Inzwischen die Brunnenkresse verlesen und abspülen. In ein feuchtes Geschirrtuch einschlagen und in den Kühlschrank legen. Den Porree putzen, abspülen und in Ringe schneiden.

• Die Hähnchenbrustfilets abspülen, mit Küchenkrepp trocken tupfen und quer zur Faser in 1 cm breite Streifen schneiden. Das Öl in einer Pfanne erhitzen und die Fleischstreifen darin anbraten.

• Porree zum Fleisch geben und kurz mitbraten. Geflügelfond und Sahne dazugießen. Mit Salz und Pfeffer würzen und zugedeckt bei kleiner Hitze etwa 5 Min. kochen lassen. Saucenbinder einrühren und kurz aufkochen lassen.

• Estragon abspülen, trocken schütteln und die Blättchen abzupfen. Estragon in die Sauce geben und mit Salz und Pfeffer würzen.

• Abgetropfte Nudeln und das Hähnchenragout mischen und mit der Brunnenkresse bestreuen.

Tipp Estragon hat einen kräftigen Eigengeschmack und sollte nur sparsam verwendet werden, damit er die Aromen der anderen Zutaten nicht überdeckt. Bei einem großen Bund eventuell etwas weniger nehmen.

Linguine *mit Trüffeln*

vegetarisch | etwas teurer | schnell

4	**Portionen**
	Zubereitungszeit 20 Min.
Pro Portion	**ca. 465 kcal, E 13 g, F 18 g, KH 63 g**

350 g	Linguine
	Salz
4 Stängel	Salbei
75 g	Butter
1	Lauchzwiebel
	frisch gemahlener Pfeffer
40 g	geputzte Sommertrüffeln

• Die Nudeln nach Packungsangabe in reichlich kochendem Salzwasser bissfest kochen.

• Inzwischen Salbei abspülen, trocken schütteln und die abgezupften Blätter auf der Arbeitsfläche etwas andrücken, damit sich das Aroma entfalten kann.

• Butter und Salbeiblätter in einem kleinen Topf erhitzen, bis die Butter leicht gebräunt ist. Salbeiblätter herausnehmen und beiseitelegen. Lauchzwiebel putzen, abspülen und in feine Ringe schneiden.

• Nudeln in ein Sieb gießen und kurz abtropfen lassen. Dann die Nudeln und die gebräunte Butter in einer großen vorgewärmten Schüssel gut mischen. Mit Salz und Pfeffer würzen.

• Kurz vor dem Servieren mit frisch gehobelten Trüffelscheiben, Lauchzwiebelringen und nach Belieben mit den gebratenen Salbeiblättern bestreuen.

Dazu frischer Kräutersalat

Tipp Trüffeln gehören zu den wenigen Pilzen, bei denen es bisher nicht gelungen ist, sie zu kultivieren. Sie sind selten, müssen mühsam gesucht werden und sind daher sehr teuer. Der Périgord-Trüffel ist der beste und der teuerste. Sommertrüffeln sind preiswerter, und man findet sie sogar hin und wieder in Süddeutschland. Trüffeln gibt es frisch, tiefgekühlt und in Dosen. Es reicht, sie mit einer Bürste gründlich von Schmutz und Erde zu reinigen, nur im Notfall sollten sie unter Wasser abgespült werden. Die dunkle runzelige Schale kann mitgegessen werden.

Ricciutelle *mit Spargel*

vegetarisch | einfach | schnell

3	**Portionen**
	Zubereitungszeit 30 Min.
Pro Portion	ca. 470 kcal, E 17 g, F 18 g, KH 59 g

200 g	Ricciutelle (Bandnudeln mit gewelltem Rand)
	Salz
150 g	Zuckerschoten
500 g	grüner Spargel
1 Bund	Lauchzwiebeln
3 EL	Olivenöl
400 ml	Gemüsebrühe
1–2 EL	Crème fraîche
1 Briefchen	gemahlener Safran
	frisch gemahlener Pfeffer
1–2 Stängel	Basilikum
20 g	Parmesan-Käse

• Die Nudeln nach Packungsangabe in reichlich kochendem Salzwasser bissfest kochen, in ein Sieb gießen und kurz abtropfen lassen.

• Inzwischen von den Zuckerschoten die Enden knapp abschneiden. Zuckerschoten abspülen, trocken tupfen und schräg in etwa 2 cm breite Stücke schneiden. Spargel abspülen, das untere Drittel der Spargelstangen schälen und die holzigen Enden abbrechen. Den Spargel in etwa 2 cm lange Stücke schneiden. Lauchzwiebeln putzen, abspülen und in dünne Ringe schneiden.

• Das Olivenöl in einer Pfanne erhitzen und die Zuckerschoten und den Spargel darin anbraten. Brühe, Crème fraîche und den Safran dazugeben und alles etwa 2 Min. kochen lassen. Lauchzwiebeln zufügen. Die Nudeln zum Gemüse geben, kurz erhitzen und mit Salz und Pfeffer würzen. Basilikum abspülen, trocken schütteln und die abgezupften Blättchen über die Nudeln streuen.

• Parmesan mit einem Sparschäler in dünne Scheiben hobeln und über die Nudeln streuen. Sofort servieren.

Tipp Safran gehört zu den teuersten Gewürzen der Welt und wird in kleinen zusammengefalteten Papierbriefchen gemahlen oder als feine Safranfäden angeboten. Ein Briefchen wiegt etwa 0,2 g, die Menge reicht aber ohne Weiteres aus, um ein Gericht für 4 Personen zu aromatisieren und zu färben.

Knoblauch-Bohnen-Nudeln

schnell | einfach

2	**Portionen**
	Zubereitungszeit 30 Min.
Pro Portion	**ca. 570 kcal, E 17 g, F 16 g, KH 88 g**

250 g	Linguine
	Salz
100 g	grüne Bohnen
2	Knoblauchzehen
30 g	Butter
1 Stängel	Bohnenkraut
	evtl. etwas frisch gemahlener Pfeffer

● Die Nudeln nach Packungsangabe in reichlich kochendem Salzwasser bissfest kochen, in ein Sieb gießen und abtropfen lassen.

● Inzwischen von den Bohnen die Enden knapp abschneiden. Bohnen abspülen und in Salzwasser etwa 12 Min. kochen.

● Den Knoblauch abziehen und in feine Scheiben schneiden. Die Butter in einer Pfanne erhitzen und die Knoblauchscheiben darin goldbraun anbraten.

● Das Bohnenkraut abspülen, trocken schütteln und die Blättchen abzupfen. Abgetropfte Nudeln, Bohnen und Bohnenkraut mischen und auf Tellern anrichten. Die Knoblauchbutter darübergießen. Eventuell etwas Pfeffer darübermahlen und sofort servieren.

Dazu frisch geriebener Pecorino- oder Parmesan-Käse

Tipp Grüne Bohnen müssen immer gekocht werden. Roh enthalten sie den Eiweißstoff »Phasin«, der zu Übelkeit führen kann. Durch Hitze wird das Phasin abgebaut und unschädlich.

Die Gefüllten und Überbackenen

Einer richtig gewürzten Lasagne, deftigen Käsespätzle oder zarten Ravioli zu widerstehen, ist ohnehin nur Menschen mit eisernem Willen möglich. Mit diesen Rezepten aber heben Sie auch die letzten Widerstandsnester aus.

Basilikum-Ravioli

vegetarisch | braucht etwas Übung

6	**Portionen**
	Zubereitungszeit 1 Std. 10 Min.
	Ruhezeit 1 Std.
Pro Portion	**ca. 660 kcal, E 25 g, F 43 g, KH 42 g**

300 g	Mehl	100 g	Parmesan-Käse
3	Eier	1 Bund	Basilikum
3 TL	Olivenöl		frisch gemahlener Pfeffer
	Salz		Mehl zum Arbeiten
500 g	Schichtkäse (20 %)	1	Eiweiß zum Bestreichen
100 g	Pinienkerne		Öl fürs Nudelwasser
100 g	Butter		

• Für den Nudelteig Mehl, Eier, Öl und 1 TL Salz zuerst mit den Knethaken des Handrührers oder in der Küchenmaschine, danach mindestens 10 Min. mit den Händen zu einem geschmeidigen Nudelteig verkneten. Den Nudelteig in Frischhaltefolie wickeln und bei Zimmertemperatur 1 Std. ruhen lassen.

• Inzwischen für die Füllung den Schichtkäse in einem Sieb abtropfen lassen. Danach gut ausdrücken. Pinienkerne ohne Fett in einer Pfanne hellbraun rösten, herausnehmen und abkühlen lassen.

• 75 g Butter schmelzen. Den Parmesan fein reiben. Den Schichtkäse, die flüssige Butter und den Parmesan miteinander verrühren. Basilikum abspülen, trocken schütteln und die Blättchen fein hacken. Basilikum mit den Pinienkernen unter die Schichtkäsefüllung rühren. Die Füllung mit Salz und Pfeffer abschmecken.

• Den Nudelteig nochmals mit den Händen kräftig auf wenig Mehl durchkneten und in einer Nudelmaschine zu dünnen Teigplatten ausrollen. Mit einem runden Ausstecher (Ø etwa 7 cm) mit gewelltem Rand Kreise daraus ausstechen. Auf jeden Kreis einen Löffel der Basilikumfüllung geben. Teigränder dünn mit Eiweiß bestreichen und den Teig zur Hälfte über die Füllung klappen.

• Die Ravioli in kochendes Salzwasser mit etwas Öl geben und etwa 8 Min. bei kleiner Hitze (nicht kochen) gar ziehen lassen. Mit einer Schaumkelle aus dem Wasser heben und sofort auf vorgewärmte Teller geben. Die restliche Butter in einem Topf schmelzen, etwas bräunen und über die Ravioli geben.

Ravioli *mit Kartoffelfüllung*

vegetarisch | braucht Übung | preiswert

8	**Portionen**
	Zubereitungszeit 1 Std. 20 Min.
	Ruhezeit 30 Min.
Pro Portion	**ca. 425 kcal, E 12 g, F 7 g, KH 77 g**

750 g	Mehl
	Salz
1	Ei
500 g	Kartoffeln
	frisch gemahlener Pfeffer
	Mehl zum Arbeiten
3	Zwiebeln
3–4 EL	Butter
1 Bund	Schnittlauch

• Für den Teig 700 g Mehl auf die Arbeitsfläche geben und eine Mulde hinein-drücken. ½ TL Salz, Ei und 250–300 ml Wasser hineingeben und alles von innen nach außen verrühren, dann mit den Händen zu einem glatten elastischen Teig verkneten. Falls der Teig klebt, eventuell noch etwas mehr Mehl dazugeben. Den Teig in Frischhaltefolie wickeln und 30 Min. bei Zimmertemperatur ruhen lassen.

• Für die Füllung die Kartoffeln schälen und in sehr kleine Würfel schneiden. Mit Salz und Pfeffer würzen und beiseitestellen.

• Den Teig portionsweise auf wenig Mehl zu kleinen Kreisen (Ø etwa 8 cm) aus-rollen, jeweils 1 TL Kartoffelwürfel daraufgeben und zu Halbkreisen zusammen-klappen. Die Teigränder mit den Zinken einer Gabel fest zusammendrücken.

• Die vorbereiteten Teigtaschen in kochendes Salzwasser geben und etwa 15 Min. bei kleiner Hitze (nicht kochen) gar ziehen lassen. Teigtaschen mit einer Schaumkelle aus dem Wasser heben und abtropfen lassen.

• Inzwischen die Zwiebeln abziehen und in feine Ringe schneiden. Die Butter in einer Pfanne erhitzen und die Zwiebelringe darin goldgelb braten. Mit Salz und Pfeffer würzen. Den Schnittlauch abspülen, trocken schütteln und in Röllchen schneiden. Gebratene Zwiebeln und Schnittlauchröllchen über die Teigtaschen geben. Sofort servieren.

Dazu Kopfsalat mit Sahne-Zitronen-Sauce

Auberginen-Ravioli

vegetarisch | braucht Übung

4	**Portionen**
	Zubereitungszeit 1 Std. 15 Min.
	Ruhezeit 1 Std.
Pro Portion	ca. 365 kcal, E 13 g, F 14 g, KH 44 g

100 g	Weizenmehl	1 Bund	Thymian
100 g	Dinkelmehl	1	Knoblauchzehe
2	Eier		frisch gemahlener Pfeffer
2 TL + 3 EL	Olivenöl	1 kg	Tomaten
	Salz		Mehl zum Arbeiten
1	mittelgroße Aubergine (etwa 300 g)	1	Eigelb zum Bestreichen

• Für die Ravioli Weizen- und Dinkelmehl auf der Arbeitsfläche mischen und in die Mitte eine Vertiefung drücken. Eier, 2 TL Olivenöl und 1 Prise Salz hineingeben und alles mit den Händen zu einem glatten Teig verkneten. Den Teig in Frischhaltefolie gewickelt etwa 1 Std. bei Zimmertemperatur ruhen lassen.

• Aubergine abspülen, putzen, sehr fein würfeln. Thymian abspülen, trocken schütteln. Von der Hälfte die Blättchen abzupfen. Knoblauch abziehen, fein hacken. 1 EL Öl in einer Pfanne erhitzen, Auberginenwürfel darin braun braten. Thymian und Knoblauch dazugeben und kurz mitbraten. Salzen und pfeffern.

• Die Stielansätze der Tomaten herausschneiden. Tomaten mit einem scharfen Messer kreuzweise einritzen, mit kochendem Wasser überbrühen und etwa 1 Min. ziehen lassen. Tomaten sofort in Eiswasser tauchen. Tomaten häuten, vierteln, Kerne entfernen und das Fruchtfleisch würfeln.

• Den Teig leicht bemehlt in zwei Portionen mit der Nudelmaschine oder dem Nudelholz sehr dünn, etwa 2 mm dick, ausrollen. Mit einem Ausstecher (∅ 6,5 cm) etwa 40 Plätzchen daraus ausstechen. Die Hälfte der Teigplätzchen mit verquirltem Eigelb bestreichen und die Auberginenfüllung daraufgeben. Jeweils ein zweites Plätzchen darauflegen und die Ränder gut andrücken.

• Die Ravioli portionsweise in kochendes Salzwasser geben und etwa 5 Min. bei kleiner Hitze (nicht kochen) gar ziehen lassen. Mit einer Schaumkelle aus dem Wasser heben und abtropfen lassen. In einer Pfanne 1 EL Olivenöl erhitzen, die Tomatenwürfel darin erwärmen und mit Salz und Pfeffer würzen. Die Ravioli vorsichtig darin schwenken. Den restlichen Thymian im restlichen Öl braten und über die Ravioli geben.

Ziegenkäse-Ravioli

vegetarisch | braucht Übung

2	**Portionen**
	Zubereitungszeit 35 Min.
	Auftauzeit 15 Min.
Pro Portion	**ca. 515 kcal, E 13 g, F 42 g, KH 20 g**

12–14	TK-Wan-Tan-Teigblätter (9 × 9 cm; Asialaden)
1 Bund	Lauchzwiebeln
60 g	Butter
1 TL	rosa Pfefferbeeren
150 g	Ziegenfrischkäse
	Salz
1 Bund	krause Petersilie
	Öl zum Frittieren
20 g	Parmesan-Käse

Tipp

Statt der frittierten Petersilie einfach ein paar Salbeiblätter in der heißen Butter knusprig braten und über die Ravioli geben.

• Die Wan-Tan-Blätter auftauen lassen. Inzwischen Lauchzwiebeln putzen, abspülen und in feine Ringe schneiden. 20 g Butter in einer Pfanne erhitzen und die Lauchzwiebelringe darin glasig dünsten, dann abkühlen lassen.

• Die rosa Pfefferbeeren grob zerstoßen. Den Ziegenfrischkäse, die Lauchzwiebeln und die Pfefferbeeren mischen.

• Wan-Tan-Blätter dünn mit Wasser bestreichen. Etwas Käsecreme mit einem Teelöffel in die Mitte jedes Blattes geben. Teigblatt diagonal über die Füllung schlagen, sodass ein Dreieck entsteht. Die Ränder gut andrücken.

• Ravioli in kochendes Salzwasser geben und 2–3 Min. bei kleiner Hitze gar ziehen (nicht kochen) lassen. Mit einer Schaumkelle aus dem Wasser heben und abtropfen lassen.

• Petersilie abspülen, trocken schütteln und die Stiele großzügig mit einer Schere abschneiden. Öl in einem Topf erhitzen und die Petersilie darin kurz frittieren, bis sie knusprig ist. Auf Küchenkrepp abtropfen lassen.

• Petersilie über die Ravioli streuen. Restliche Butter zerlassen und über die Ravioli gießen. Den Parmesan mit einem Sparschäler in feine Scheiben hobeln und über die Ravioli streuen. Sofort servieren.

Muschelnudeln *vom Blech*

einfach | schmeckt Kindern

4	**Portionen**
	Zubereitungszeit 45 Min.
	20 Min. Backen
Pro Portion	**ca. 770 kcal, E 37 g, F 51 g, KH 39 g**

24	Conchiglioni (große Muschelnudeln)
	Salz
2 Bund	Lauchzwiebeln
100 g	Parmesan-Käse
250 g	Ricotta-Käse
200 g	saure Sahne
6	Eier
	frisch gemahlener Pfeffer
8 Scheiben	Frühstücksspeck (125 g; Bacon)
	Fett für die Form
300 g	Tomaten
3 EL	Olivenöl
2 EL	Rotweinessig

Tipp
Vegetarisch wird's,
wenn der Bacon durch
1 TL Pesto, ein Stückchen
getrocknete Tomate
in Öl oder Mozzarella
ersetzt wird.

• Den Backofen auf 220° (Umluft 200°, Gas Stufe 5) vorheizen. Die Nudeln nach Packungsangabe in reichlich kochendem Salzwasser bissfest kochen, in ein Sieb gießen und abtropfen lassen.

• Die Lauchzwiebeln putzen, abspülen und in Ringe schneiden. 4 EL für die Salsa beiseitestellen.

• Den Parmesan reiben und mit Ricotta, saurer Sahne und Eiern verrühren. Lauchzwiebeln unterrühren und die Masse kräftig mit Salz und Pfeffer würzen. Die Baconscheiben quer dritteln.

• Die Fettpfanne des Backofens oder eine eckige Form ausfetten und die Ei-Käse-Masse hineingießen. Die Nudeln jeweils mit einem Stück Bacon füllen und darauf verteilen. Alles im vorgeheizten Backofen 15–20 Min. stocken lassen.

• Für die Tomaten-Salsa die Tomaten abspülen, trocken tupfen und die Stielansätze herausschneiden. Tomaten vierteln und entkernen. Das Fruchtfleisch würfeln. Tomatenwürfel, restliche Lauchzwiebeln, Olivenöl und Essig verrühren. Mit Salz und Pfeffer würzen. Die Muschelnudeln vom Blech zusammen mit der Tomaten-Salsa servieren.

Gefüllte Conchiglioni

preiswert

4	**Portionen**
	Zubereitungszeit 40 Min.
Pro Portion	**ca. 425 kcal, E 21 g, F 21 g, KH 36 g**

300 g	Tomaten
2	Knoblauchzehen
2 EL	Olivenöl
300 g	gemischtes Hackfleisch
3–4 EL	Apfelessig
1–2 TL	gemahlener Kreuzkümmel (Cumin)
	Salz
½ Bund	Minze
1 Bund	Koriandergrün
200 g	Conchiglioni rigati (große Muschelnudeln)

• Die Stielansätze der Tomaten herausschneiden. Tomaten mit einem scharfen Messer kreuzweise einritzen, mit kochendem Wasser überbrühen und etwa 1 Min. ziehen lassen. Tomaten mit einer Schaumkelle aus dem heißen Wasser nehmen und sofort in Eiswasser tauchen. Die Haut der Tomaten abziehen, die Tomaten vierteln und die Kerne entfernen. Das Tomatenfruchtfleisch fein würfeln.

• Knoblauch abziehen und durch eine Knoblauchpresse drücken. Das Öl in einer Pfanne erhitzen und den Knoblauch und das Hackfleisch darin krümelig braun anbraten. Den Essig dazugießen und das Hackfleisch kräftig mit Kreuzkümmel und Salz abschmecken.

• Minze und Koriander abspülen, trocken schütteln, die Blättchen abzupfen und fein hacken. Tomatenwürfel und gehackte Kräuter zum Hackfleisch geben und alles gut verrühren.

• Die Nudeln nach Packungsangabe in reichlich kochendem Salzwasser bissfest kochen, in ein Sieb gießen, kurz abtropfen lassen und mit der heißen Sauce mischen. Dabei sollen sich die Muscheln mit der Sauce füllen. Sofort servieren.

Dazu grüner Salat

Tipps Kreuzkümmel und Koriander geben der Sauce einen Hauch von Orient. Wer das nicht mag, würzt das Hackfleisch mit Paprika und Pfeffer.

Statt der großen Muschelnudeln große Penne verwenden.

Ravioli mit *Räucherfisch*

raffiniert | braucht etwas Zeit

4	**Portionen**		

Zubereitungszeit 1 Std.
Ruhezeit mindestens 12 Std.
Pro Portion ca. 370 kcal, E 18 g, F 16 g, KH 37 g

100 g	Weizenmehl (Type 550)	125 g	Räucherforellenfilet
100 g	Hartweizengrieß	2 Stängel	Dill
1	Ei	50 g	Brotaufstrich mit Rahm
3	Eigelbe		etwas Zitronensaft
2 EL + 2 TL	Olivenöl		Mehl zum Arbeiten
1 TL	Weißweinessig	1–2 EL	Milch
	Salz	je 2 Stängel	Dill und Petersilie
50 g	Knollensellerie	2–3 Zweige	Thymian
1	Schalotte	600 ml	Gemüsefond

• Für den Nudelteig Mehl, Grieß, verquirltes Ei und 2 Eigelbe, 1 EL Olivenöl, Essig, 1 Prise Salz und 1 EL kaltes Wasser zuerst mit den Knethaken des Handrührers, dann mit den Händen zu einem elastischen Nudelteig verkneten. Den Teig in Frischhaltefolie wickeln und mindestens 2 Std., aber am besten über Nacht, bei Zimmertemperatur ruhen lassen.

• Für die Füllung Sellerie schälen. Schalotte abziehen. Beides fein würfeln. 2 TL Olivenöl in einer Pfanne erhitzen, Gemüsewürfel darin andünsten. Forellenfilets mit einer Gabel fein zerpflücken. Dill abspülen, trocken schütteln und fein hacken. Gemüse, Fisch, Dill und Rahmaufstrich mischen. Mit Salz und Zitronensaft abschmecken. Nudelteig in vier Portionen teilen, auf wenig Mehl ausrollen. Dann in der Nudelmaschine oder mit dem Nudelholz dünn ausrollen.

• Auf zwei Teigplatten vier etwa 9 cm große Quadrate mit dem Kuchenrädchen markieren. In die Mitte jedes Quadrates etwa 1 EL Füllung setzen. Restliches Eigelb und Milch verquirlen und die Teigränder der Quadrate damit bestreichen. Je eine zweite Teigplatte auf die erste legen, Ränder fest andrücken und die Ravioli herausschneiden. Mit Mehl fein bestäuben.

• Ravioli in kochendes Salzwasser mit dem restlichen Öl geben und 3–4 Min. bei kleiner Hitze (nicht kochen) gar ziehen lassen. Kräuter abspülen, trocken schütteln und die Blättchen fein hacken. Gemüsefond erhitzen. Die abgetropften Ravioli in tiefe Teller geben. Gehackte Kräuter darüberstreuen und mit dem heißen Gemüsefond begießen.

Hühnersuppe mit Tortelloni

einfach | schnell

4	**Portionen**
	Zubereitungszeit 20 Min.
Pro Portion	**ca. 400 kcal, E 9 g, F 19 g, KH 44 g**

1	Knoblauchzehe
1 EL	Öl
750 ml	kräftige Hühnerbrühe
150 g	Crème fraîche
100 ml	Weißwein (oder Brühe und etwas Zitronensaft)
	Salz, frisch gemahlener Pfeffer
250 g	Käse-Tortelloni (aus dem Kühlregal)
1 Bund	Kerbel
30–40 g	frisch geriebener Parmesan-Käse

• Knoblauch abziehen und durch eine Knoblauchpresse drücken. Das Öl in einem Topf erhitzen und den Knoblauch darin glasig dünsten.

• Die Brühe dazugießen und einmal aufkochen lassen. Crème fraîche und Weißwein unterrühren. Suppe mit Salz und Pfeffer abschmecken.

• Die Tortelloni in der leicht kochenden Suppe 2–3 Min. gar ziehen lassen. Die Kerbelblättchen abzupfen, hacken und mit dem geriebenen Käse mischen. Die Suppe auf Portionsteller verteilen und mit der Käse-Kräuter-Mischung bestreuen.

Tipps Kerbel ist ein sehr feines Kraut. Wenn es abgespült wird, kleben die feinen Blättchen zusammen und werden unansehnlich. Darum Kerbel nur sorgfältig verlesen und trocken hacken.

Gemüsebrühe statt Hühnerbrühe nehmen, dann schmeckt die Suppe auch Vegetariern.

Statt Tortelloni schmecken auch Ravioli, Fleischklößchen oder Gemüsewürfel (z. B. Paprika, Zucchini oder Porree) als Einlage in der Suppe.

Maultaschen

braucht Zeit und Übung | preiswert

6	**Portionen**
	Zubereitungszeit 1 Std. 30 Min.
	Ruhezeit 30 Min.
Pro Portion	**ca. 545 kcal, E 26 g, F 25 g, KH 53 g**

400 g	Mehl	200 g	feines Kalbsbrät
5	Eier	200 g	gemischtes Hackfleisch
	Salz		frisch gemahlener Pfeffer
1	Brötchen vom Vortag		frisch geriebene Muskatnuss
300 g	frischer Blattspinat (oder 250 g TK)		Mehl zum Arbeiten
2	Zwiebeln	1 ½ l	Fleischbrühe
2 EL	Butter	½ Bund	Schnittlauch
1 Bund	glatte Petersilie		

• Für den Nudelteig Mehl auf die Arbeitsfläche sieben und in die Mitte eine Mulde drücken. 3 Eier, 2 EL Wasser und ½ TL Salz hineingeben und alles mit den Händen zu einem glatten Teig verkneten. Eventuell noch etwas Wasser dazugeben. Teig in Folie gewickelt etwa 30 Min. bei Zimmertemperatur ruhen lassen.

• Für die Füllung Brötchen in kaltem Wasser einweichen. Spinat putzen und abspülen. 1 Zwiebel abziehen und würfeln. 1 EL Butter in einem Topf erhitzen und die Zwiebel darin glasig dünsten. Spinat dazugeben und zugedeckt zusammenfallen lassen. Spinat ausdrücken, fein hacken. Petersilie abspülen, trocken schütteln, Blättchen fein hacken. Brötchen ausdrücken, fein zerpflücken. Spinat, Brät, Hackfleisch, 1 Ei, 1 Eigelb, Petersilie und zerpflücktes Brötchen mit Salz, Pfeffer und Muskat kräftig würzen und zu einer glatten Füllung verrühren. In einen Spritzbeutel mit sehr großer Lochtülle geben.

• Nudelteig nochmals kurz kneten und mit der Nudelmaschine oder dem Nudelholz auf wenig Mehl zu einem dünnen, etwa 12 cm breiten Teigband ausrollen. Die Füllung als langen Strang in die Mitte des Teigbandes spritzen. Das übrige Eiweiß kurz mit einer Gabel verschlagen und die Teigränder dünn damit bestreichen. Teig über die Füllung schlagen und die Ränder gut andrücken. Mit einem Kuchenrädchen etwa 4 cm lange Maultaschen ausradeln.

• Fleischbrühe aufkochen, die Maultaschen darin etwa 10–15 Min. bei kleiner Hitze gerade eben kochen lassen, bis sie oben schwimmen. Restliche Zwiebel abziehen, würfeln und in der restlichen Butter goldbraun braten. Schnittlauch abspülen, trocken schütteln, in feine Röllchen schneiden. Maultaschen in der Brühe mit Zwiebelwürfeln und Schnittlauch bestreuen.

Käsespätzle

vegetarisch | einfach

4	**Portionen**
	Zubereitungszeit 40 Min.
Pro Portion	**ca. 805 kcal, E 38 g, F 32 g, KH 90 g**

500 g	Mehl
6	Eier (Größe M)
	Salz
200 g	Emmentaler Käse
2	Zwiebeln
60 g	Butter

• Das Mehl in eine Schüssel sieben. Eier und 1 TL Salz dazugeben und alles kräftig mit den Knethaken des Handrührers zu einem glatten Teig verrühren. Nach und nach so viel Wasser (200–250 ml) unterrühren, bis der Teig Blasen wirft. Den Teig 15 Min. bei Zimmertemperatur ruhen lassen.

• Inzwischen den Käse reiben. Die Zwiebeln abziehen und in dünne Ringe schneiden. Die Butter in einer Pfanne erhitzen und die Zwiebelringe darin braun braten.

• Den Backofen auf 100° (Gas Stufe 1) vorheizen. Einen großen Topf mit gut gesalzenem Wasser aufkochen. Den Teig durch einen Spätzlehobel oder durch die Spätzlepresse in das leicht kochende Wasser hobeln bzw. drücken. Die Spätzle einmal aufkochen lassen. Wenn sie oben schwimmen, mit einer Schaumkelle herausheben und kurz in lauwarmes Wasser geben. In ein Sieb gießen und abtropfen lassen.

• Eine ofenfeste Form zum Vorwärmen in den vorgeheizten Backofen stellen. Anschließend Spätzle und Käse in mehreren Lagen in die Form schichten. Zum Schluss mit den gerösteten Zwiebeln bestreuen.

Dazu Tomatensalat

Tipp Statt Zwiebeln einfach in Butter gebräunte Semmelbrösel über die Spätzle streuen und diese mit schwarzem Pfeffer würzen.

Puten-Pilz-Lasagnette

für Gäste

6 Portionen
Zubereitungszeit 1 Std.
Backzeit 15 Min.
Pro Portion **ca. 410 kcal, E 29 g, F 15 g, KH 43 g**

10 g	getrocknete Steinpilze	200 ml	Geflügelbrühe
12	Lasagne-Platten		frisch gemahlener Pfeffer
	Salz	3–4 EL	Saucenbinder
50 g	getrocknete Tomaten in Öl		evtl. Fett für die Förmchen
150 g	Crème fraîche	50 g	Maronen (küchenfertig im
2 EL	Milch		Vakuumpack; oder Wal-
200 g	Champignons		nüsse)
2	Zwiebeln	1 EL	Öl
600 g	frische Putenbrust	2 EL	Zucker

• Die Steinpilze kurz abspülen und in 300 ml lauwarmem Wasser einweichen. Lasagne-Platten in reichlich kochendes Salzwasser geben und etwa 8 Min. unter vorsichtigem Rühren kochen (aufpassen, dass die Nudeln nicht aneinanderkleben!). In ein Sieb gießen, kalt abspülen und nebeneinander auf ein feuchtes Geschirrtuch legen. Mit Frischhaltefolie abdecken.

• Tomaten abtropfen lassen, dabei 2 EL Öl auffangen. Tomaten mit Crème fraîche und Milch im Blitzhacker fein pürieren. Champignons putzen und halbieren. Die Zwiebeln abziehen und fein würfeln. Das Putenfleisch abspülen, trocken tupfen und in Würfel schneiden.

• Den Backofen auf 220° (Umluft 200°, Gas Stufe 5) vorheizen. Das Tomatenöl in einer Pfanne erhitzen und die Fleischwürfel darin von allen Seiten anbraten. Zwiebeln und Champignons zufügen und etwa 4 Min. mitbraten. Die Steinpilze mit dem Einweichwasser und die Brühe dazugießen. Alles aufkochen, 5 Min. schmoren lassen und mit Salz und Pfeffer würzen. Den Saucenbinder einrühren und nochmals aufkochen.

• Jeweils 2 Lasagne-Platten in gefettete ofenfeste Förmchen geben. Putenfüllung daraufgeben und die Lasagne-Platten umklappen. Tomatencreme daraufgeben und die Lasagnette im Backofen etwa 15 Min. überbacken. Inzwischen die Maronen in kleine Würfel schneiden. Das Öl in einer Pfanne erhitzen und die Maronenwürfel darin anbraten. Zucker darüberstreuen und karamellisieren lassen. In der Pfanne auskühlen lassen und auf die fertigen Lasagnette streuen.

Kürbis-Lasagne

vegetarisch | für Gäste

4	**Portionen**
	Zubereitungszeit 45 Min., Backzeit 35 Min.
Pro Portion	**ca. 835 kcal, E 25 g, F 59 g, KH 48 g**

1	Hokkaido-Kürbis (etwa 1 ½ kg; oder Möhren)
1–2 EL	gekörnte Gemüsebrühe (Instant)
2 EL	Öl
4 EL	Ahornsirup
2	rote Zwiebeln
60 g	Butter oder Margarine
80 g	Mehl
200 g	Doppelrahmfrischkäse mit Meerrettich
	Salz, frisch gemahlener Pfeffer
	frisch geriebene Muskatnuss
	Fett für die Form
12	Lasagne-Platten (ohne Vorkochen)
200 g	Cheddar-Käse

• Den Kürbis halbieren und die Kerne mit einem Löffel herauskratzen. Kürbis in Spalten schneiden und schälen. Gekörnte Brühe in 1 ½ l Wasser geben, aufkochen und die Kürbisspalten darin 5 Min. kochen. Kürbis in ein Sieb abgießen, kalt abspülen und gut abtropfen lassen. Brühe dabei auffangen. Das Öl und den Ahornsirup in einer beschichteten Pfanne erhitzen und die Kürbisspalten darin portionsweise karamellisieren lassen. Zwiebeln abziehen und in Ringe schneiden.

• Das Fett in einem kleinen Topf zerlassen. Mehl dazugeben und unter Rühren kurz anschwitzen. 600–700 ml Kürbisbrühe unter ständigem Rühren nach und nach dazugießen, bis eine cremige Soße entstanden ist, und 5 Min. bei kleiner Hitze kochen lassen. Den Frischkäse unter die Sauce rühren und mit Salz, Pfeffer und Muskat abschmecken.

• Den Backofen auf 200° (Umluft 180°, Gas Stufe 4) vorheizen. Den Boden einer gefetteten ofenfesten Form (etwa 15 × 30 cm) mit Lasagne-Platten auslegen. Die Platten dünn mit Sauce bestreichen und mit Kürbisspalten und Zwiebelringen belegen. Restliche Zutaten weitereinschichten, dabei mit einer Lage Lasagne-Platten und Sauce enden. Den Käse reiben und über die Lasagne streuen. Die Kürbis-Lasagne im vorgeheizten Backofen etwa 35 Min. backen.

Dazu Gemischter Blattsalat mit Kürbiskern-Vinaigrette

Ratatouille-Lasagne

vegetarisch | einfach

4	**Portionen**		
	Zubereitungszeit 45 Min.		
	Backzeit 15 Min.		
Pro Portion	**ca. 550 kcal, E 24 g, F 39 g, KH 26 g**		

3	Auberginen	70 g	grüne Oliven-Tapenade
4	Zucchini (etwa 800 g)	100 g	Ajvar (Paprikapaste aus
	Salz		dem Glas)
10 EL	Olivenöl	250 g	Mozzarella-Käse
4	Strauchtomaten	½ Bund	Basilikum
8	Lasagne-Platten		frisch gemahlener Pfeffer

• Auberginen und Zucchini putzen, abspülen und längs in etwa ½ cm dicke Scheiben schneiden. Auberginenscheiben von beiden Seiten salzen und auf Küchenkrepp legen. 15 Min. ziehen lassen.

• Inzwischen 2 EL Olivenöl in einer Pfanne erhitzen und die Zucchinischeiben darin von beiden Seiten braun anbraten, auf Küchenkrepp abtropfen lassen. Tomaten abspülen, Stielansätze herausschneiden und die Tomaten achteln. Auberginenscheiben abtupfen und portionsweise in der Pfanne in 6 EL heißem Öl von beiden Seiten braun anbraten. Auf Küchenkrepp abtropfen lassen.

• Lasagne-Platten in reichlich kochendes Salzwasser geben und nach Packungsangabe unter vorsichtigem Rühren kochen (aufpassen, dass die Nudeln nicht aneinanderkleben!). In ein Sieb gießen, kalt abspülen und nebeneinander auf ein feuchtes Geschirrtuch legen. Mit Frischhaltefolie abdecken.

• Den Backofen auf 200° (Umluft 180°, Gas Stufe 4) vorheizen. Eine große rechteckige ofenfeste Form mit 2 EL Olivenöl ausstreichen. Abwechselnd die abgetropften Lasagneplatten, Gemüse, Tapenade und Ajvar einschichten. Mozzarella abtropfen lassen und in Scheiben schneiden. Mozzarellascheiben auf die Lasagne-Pakete legen.

• Die Lasagne im vorgeheizten Backofen etwa 15 Min. backen. Zum Schluss mit dem Grill kurz überbräunen. Basilikum abspülen, trocken schütteln und die Blättchen fein hacken. Lasagne mit Pfeffer und gehacktem Basilikum bestreuen.

Dazu Brot und dazu Kapern, getrocknete Tomaten und Ajvar

Cannelloni *mit Steckrüben*

vegetarisch | braucht etwas Übung

4	**Portionen**
	Zubereitungszeit 1 Std. 15 Min.
	Backzeit 25 Min.
Pro Portion	**ca. 550 kcal, E 23 g, F 13 g, KH 84 g**

2	Zwiebeln	15 g	Mehl
400 g	Steckrüben oder Möhren	½ l	Milch
300 g	Kartoffeln		frisch geriebene Muskatnuss
150 g	Möhren	100 g	geräucherter Mozzarella-Käse
40 g	getrocknete Tomaten in Öl		(oder anderer geräucherter
200 ml + ¼ l	Gemüsebrühe		Käse)
½ TL	Anissamen	16	Cannelloni
	Salz, frisch gemahlener Pfeffer		Fett für die Form
15 g	Butter		

● Für die Füllung Zwiebeln abziehen und fein würfeln. Steckrüben, Kartoffeln und Möhren schälen, abspülen und in kleine Würfel schneiden. Tomaten abtropfen lassen, dabei 2 EL Öl auffangen. Tomaten in Streifen schneiden.

● Das Tomatenöl in einem Topf erhitzen. Die Zwiebeln darin glasig dünsten. Kartoffeln, Möhren und Steckrüben zufügen und kurz mitdünsten. 200 ml Brühe dazugießen und 20 Min. bei mittlerer Hitze zugedeckt kochen lassen. Weitere 10 Min. unter Rühren offen kochen, bis die Flüssigkeit fast verdampft ist. Tomaten und Anis unterrühren und mit Salz und Pfeffer würzen. Abkühlen lassen.

● Den Backofen auf 200° (Umluft 180°, Gas Stufe 4) vorheizen. Für die Sauce die Butter in einem Topf erhitzen und das Mehl darin hellgelb andünsten. Milch und restliche Brühe unter Rühren dazugießen und 2 Min. kochen lassen. Die Sauce mit Salz, Pfeffer und Muskat würzen. Den Käse grob reiben.

● Das abgekühlte Gemüse in einen Spritzbeutel ohne Tülle geben und in die Cannelloni spritzen. Cannelloni in eine gefettete ofenfeste Form geben. Die Sauce darübergießen. Die Cannelloni müssen mit Sauce bedeckt sein. Den Käse daraufstreuen und die Cannelloni im vorgeheizten Backofen etwa 25 Min. goldgelb überbacken.

Dazu grüner Salat

Klassiker

Cannelloni

Oberklassisch sind Cannelloni mit Bolognese-Füllung.
Oberköstlich ist diese vegetarische Variante.

4	**Portionen**
	Zubereitungszeit 1 Std.
	Backzeit 30 Min.
Pro Portion	**ca. 495 kcal, E 16 g, F 33 g, KH 33 g**

300 g	frischer Spinat	25 g	Mehl
1	Zwiebel	150 ml	Gemüsebrühe
1 EL	Öl	¼ l	Milch
	Salz, frisch gemahlener Pfeffer		frisch geriebene Muskatnuss
250 g	Ricotta-Käse oder abgetropfter	12	Cannelloni
	Quark (20 %)		Fett für die Form
100 g	Mascarpone- oder Frischkäse	3 EL	frisch geriebener Parmesan-
30 g	Butter		Käse

• Spinat putzen und dabei die dicken Stiele und gelben Blätter entfernen.
Spinat gründlich abspülen und abtropfen lassen.

• Den Backofen auf 200° (Umluft 180°, Gas Stufe 4) vorheizen. Zwiebel abziehen,
fein würfeln. Öl in einem hohen Topf erhitzen und die Zwiebelwürfel darin glasig
dünsten. Den tropfnassen Spinat dazugeben und bei großer Hitze zugedeckt
zusammenfallen lassen. Mit Salz und Pfeffer würzen und abkühlen lassen. Den
kalten Spinat mit den Händen gut ausdrücken und fein hacken. Ricotta, Mascar-
pone und Spinat mischen und kräftig salzen und pfeffern.

• Butter in einem Topf erhitzen und das Mehl darin etwa 2 Min. unter Rühren
andünsten (Step 1). Brühe und Milch unter ständigem Rühren dazugießen und
aufkochen lassen. Bei kleiner Hitze etwa 4 Min. kochen lassen. Die Sauce mit
Salz, Pfeffer und Muskat würzen.

• Die Spinat-Ricotta-Masse in einen Gefrierbeutel geben. Den Beutel oben zu-
knoten, unten eine Ecke abschneiden und die Masse in die Cannelloni spritzen
(Step 2). Oder die Spinatmischung mit einem Spritzbeutel in die Cannelloni
füllen. Cannelloni in eine gefettete Auflaufform einschichten. Die Sauce eventuell noch einmal erwärmen und darübergießen (Step 3). Die Cannelloni mit
Parmesan bestreuen und im vorgeheizten Backofen etwa 30 Min. backen.

Tipp

Die Ricotta-Füllung passt auch als Füllung in ungesüßte Pfannkuchen. Wenn diese dann mit Sauce und Käse überbacken werden, hat man italienische Crespelle auf dem Teller.

Auberginen-Pasticcio

vegetarisch

4	**Portionen**
	Zubereitungszeit 40 Min.
	Backzeit 30 Min.
Pro Portion	**ca. 825 kcal, E 33 g, F 46 g, KH 69 g**

300 g	Makkaroni		frisch gemahlener Pfeffer
	Salz	1 TL	Kräuter der Provence
50 g	Walnusskerne	50 g	Pecorino- oder Parmesan-Käse
1 Bund	glatte Petersilie	150 g	Ziegenfrischkäse
2	kleine Auberginen (etwa 500 g)	½ l	fettarme Milch
2	Zwiebeln	3	Eier
3	Tomaten		Fett und Semmelbrösel für
2 EL	Olivenöl		die Formen

• Die Nudeln nach Packungsangabe in reichlich kochendem Salzwasser bissfest kochen, in ein Sieb gießen, kalt abspülen und abtropfen lassen. Die Walnusskerne grob hacken. Petersilie abspülen, trocken schütteln, Blättchen abzupfen und fein hacken.

• Auberginen abspülen, trocken tupfen und fein würfeln. Mit Salz bestreuen und 5 Min. stehen lassen. Inzwischen Zwiebeln abziehen und fein würfeln. Stielansätze der Tomaten herausschneiden. Tomaten vierteln, entkernen und das Fruchtfleisch würfeln. Auberginen abspülen und mit einem Küchentuch trocken tupfen.

• Den Backofen auf 200° (Umluft 180°, Gas Stufe 4) vorheizen. Das Olivenöl in einer Pfanne erhitzen, die Tomaten-, Zwiebel- und die Auberginenwürfel darin anbraten. Mit Salz und Pfeffer würzen, mit den Kräutern der Provence bestreuen und 5 Min. dünsten. Nüsse und Petersilie unterrühren.

• Den Pecorino-Käse fein reiben. Mit Frischkäse, Milch und Eiern verrühren und die Masse mit Salz und Pfeffer abschmecken.

• Vier ofenfeste Formen à 400 ml Inhalt ausfetten und mit Semmelbröseln ausstreuen. Rand und Boden mit Nudeln auslegen. Gemüse in die Mitte füllen und etwas festdrücken. Restliche Nudeln und die Käsecreme darauf verteilen. Im vorgeheizten Backofen etwa 30 Min. backen.

Tipp Pecorino ist ein italienischer Hart- oder Schnittkäse, der nur aus Schafmilch hergestellt wird. Man findet ihn in verschiedenen Provinzen Italiens. Eine Besonderheit ist der »Pecorino pepato«, der mit Pfeffer gewürzt wird.

Auberginen-Nudel-Auflauf

vegetarisch | einfach | schmeckt Kindern

5	**Portionen**		
	Zubereitungszeit 1 Std.		
	Backzeit 30 Min.		
Pro Portion	**ca. 600 kcal, E 18 g, F 34 g, KH 55 g**		

2	kleine Auberginen (etwa 500 g)		frisch gemahlener Pfeffer
	Salz	700 g	Fleischtomaten
300 g	dicke Hörnchennudeln	1 EL	Mehl
5 EL	Olivenöl		Fett für die Form
125 g	Mozzarella-Käse	200 g	Sahne
2 Scheiben	Toastbrot	2	Eigelbe
4 Stängel	Basilikum		frisch geriebene Muskatnuss

• Die Auberginen abspülen, putzen und längs in etwa ½ cm dicke Scheiben schneiden. Die Scheiben von beiden Seiten salzen, nebeneinander auf ein Brett legen und 30 Min. Wasser ziehen lassen.

• Inzwischen die Nudeln nach Packungsangabe in reichlich kochendem Salzwasser bissfest kochen, in ein Sieb gießen, kalt abspülen und abtropfen lassen. Nudeln und 1 EL Öl mischen.

• Den Mozzarella abtropfen lassen. Toast und Mozzarella grob hacken und mit dem Stabmixer fein zerkleinern. Das Basilikum abspülen und trocken schütteln. Die Blättchen abzupfen und in feine Streifen schneiden. Basilikum mit der Mozzarella-Masse mischen und mit Salz und Pfeffer würzen. Tomaten abspülen und in Scheiben schneiden, dabei die Stielansätze entfernen.

• Den Backofen auf 200° (Umluft 180°, Gas Stufe 4) vorheizen. Die Auberginenscheiben mit Küchenkrepp gut trocken tupfen und in Mehl wenden. Restliches Öl in einer Pfanne erhitzen und die Auberginenscheiben nacheinander darin goldbraun braten. Mit Salz und Pfeffer würzen.

• Nudeln, Tomaten und Auberginen im Wechsel in eine gefettete ofenfeste Form schichten. Sahne halbsteif schlagen und die Eigelbe einrühren. Sahnemischung kräftig mit Salz, Pfeffer und frisch geriebener Muskatnuss würzen und über die Nudel-Gemüse-Mischung gießen. Mozzarella-Masse krümelig darüber verteilen. Den Auflauf im vorgeheizten Backofen etwa 30 Min. backen.

Die Asiatischen

Sie gibt es in vielen Varianten: Mal als Glasnudeln mit
Reisstärke, mal als Mie-Nudeln mit Ei und Getreide, mal
zart schmeckend, mal kräftig – aber eins haben sie alle
gemeinsam: Sie machen uns in wenigen Minuten zu
Asienliebhabern.

Wok-Nudeln *mit Ente*

raffiniert | für Gäste

4	**Portionen**
	Zubereitungszeit 50 Min.
	Marinierzeit 1 Std.
Pro Portion	**ca. 670 kcal, E 39 g, F 39 g, KH 41 g**

2	kleine Entenbrustfilets à 300 g
1	Limette
2 EL	Granatapfelsirup (Grenadine)
3 EL	Sojasauce
2 EL	geröstetes Sesamöl
200 g	chinesische Bratnudeln
200 g	Möhren
	Salz
150 g	Sojasprossen
30 g	Rauchmandeln
4 EL	ausgelöste Granatapfelkerne

• Entenbrustfilets abspülen und trocken tupfen. Die Haut ablösen und in feine Streifen schneiden. Das Fleisch ebenfalls in Streifen schneiden. Limette auspressen. Limettensaft, Sirup, Sojasauce und Sesamöl verrühren und das Fleisch (nicht die Haut) darin 1 Std. marinieren.

• Nudeln nach Packungsangabe garen, in ein Sieb gießen und abtropfen lassen. Inzwischen Möhren schälen und in Scheiben schneiden.

• Die Entenhautstreifen in einem Wok oder einer Pfanne bei mittlerer Hitze langsam braun und kross ausbraten. Herausnehmen, salzen und auf Küchenkrepp abtropfen lassen.

• Marinierte Fleischstreifen abtropfen lassen und die Marinade aufheben. Abgetropftes Fleisch im Bratfett unter Rühren braun anbraten. Nudeln, dann Möhren dazugeben und 5 Min. unter Rühren anbraten. Sprossen dazugeben und ebenfalls unter Rühren weitere 2–3 Min. anbraten. Marinade dazugießen und alles gut mischen. Rauchmandeln, ausgebackene Haut und Granatapfelkerne darüberstreuen und servieren.

Tipp Granatapfelkerne haben Saison im Winter. Dann ist auch das Angebot für Entenbrust am größten. Wer nicht auf die Granatäpfel warten will, nimmt kleine kernlose Trauben oder Himbeeren.

Nudelsalat *mit Garnelen*

einfach | schnell | für Gäste

4	**Portionen als Vorspeise**
	Zubereitungszeit 20 Min.
Pro Portion	**ca. 310 kcal, E 17 g, F 19 g, KH 17 g**

150 g	Instant-Nudeln (Wok-Nudeln)
2	Lauchzwiebeln
1	rote Paprikaschote (etwa 230 g)
1 Bund	Koriandergrün
1	Knoblauchzehe
4 EL	Sojasauce
2 EL	Pflaumenmus (aus dem Glas)
1 EL	geröstetes Sesamöl
1 EL	Essig
	Salz, frisch gemahlener Pfeffer
12	fertig gegarte Riesengarnelen
50 g	gesalzene Erdnuss- oder Cashew-Kerne

• Nudeln nach Packungsangabe garen, in ein Sieb gießen und abtropfen lassen. Lauchzwiebeln putzen, abspülen und in Ringe schneiden. Paprika vierteln, entkernen, abspülen und würfeln. Koriander abspülen, trocken schütteln und die Blättchen abzupfen.

• Für die Sauce Knoblauch abziehen und durch eine Knoblauchpresse drücken. Knoblauch, Sojasauce, Pflaumenmus, Öl und Essig verrühren. Mit wenig Salz und Pfeffer würzen. Alle vorbereiteten Zutaten mischen. Garnelen und Nüsse darüber verteilen.

Tipps   Ein toller Salat für Überraschungsgäste. Die Zutaten sind schnell eingekauft. Gibt's keinen frischen Koriander, einfach glatte Petersilie nehmen und statt der Garnelen eventuell Flusskrebsschwänze aus dem Kühlregal.

Die Salatsauce mit dem Pflaumenmus ist übrigens auch für andere asiatisch angehauchte Salate passend.

Glasnudeln *mit Flusskrebsen*

schnell | einfach

2	**Portionen**
	Zubereitungszeit 25 Min.
Pro Portion	**ca. 280 kcal, E 13 g, F 6 g, KH 42 g**

100 g	Zuckerschoten
	Salz
100 g	Glasnudeln
1	Zwiebel
1	Knoblauchzehe
1 EL	Öl
100 g	Flusskrebsschwänze (aus dem Kühlregal)
100 ml	Chilisauce

• Die Zuckerschoten abspülen (s. Tipp) und schräg halbieren. Zuckerschoten 2 Min. in kochendem Salzwasser garen. In ein Sieb gießen, mit kaltem Wasser abspülen und abtropfen lassen.

• Glasnudeln mit einer Schere in Stücke schneiden und nach Packungsangabe garen. Inzwischen die Zwiebel und den Knoblauch abziehen und fein würfeln, beziehungsweise den Knoblauch durch eine Knoblauchpresse drücken.

• Öl in einer Pfanne erhitzen und beides darin glasig dünsten. Krebsschwänze zufügen, 1 Min. mitbraten und Chilisauce unterrühren.

• Die Nudeln in ein Sieb gießen, abtropfen lassen und mit Krebsschwänzen und Zuckerschoten vermengen.

Tipps Zuckerschoten werden meist fertig geputzt angeboten. Wer jedoch keine bekommt, muss die Enden knapp abschneiden.

Noch asiatischer? Die Nudeln mit frischen Korianderblättchen bestreuen und 1 TL gehackten Ingwer mit andünsten.

Nudeln *mit Tofu*

vegetarisch | japanisch

4	**Portionen**
	Zubereitungszeit 1 Std.
Pro Portion	**ca. 395 kcal, E 19 g, F 19 g, KH 37 g**

175 g	fester Tofu
etwa ¼ l	Öl
300 g	Udon (dicke japanische Weizennudeln)
	Salz
1 ¾ l	Dashi (Fischfond oder Brühe)
50 g	Zucker
2 EL	japanische Sojasauce
1 kl. Stange	Porree

● Tofu in etwa ½ cm dicke Scheiben schneiden. In eine schwere Pfanne oder einen Topf soviel Öl geben, dass es etwa 2 cm hoch steht. Das Öl erhitzen (etwa 180°; es hat die richtige Temperatur, wenn sich an einem in das heiße Öl getauchten Holzlöffel kleine Bläschen bilden). Die Tofuscheiben zugeben und etwa 1 Min. frittieren, dabei mit einer Zange wenden, sodass sie rundherum braun werden. Herausnehmen und auf Küchenkrepp abtropfen lassen.

● Nudeln in 2 l kochendes Wasser geben und offen bei großer Hitze in 20 Min. sehr weich kochen. 1 EL Salz zugeben und den Topf vom Herd nehmen. Die Nudeln zugedeckt etwa 5 Min. stehen lassen.

● Nudeln in ein Sieb gießen und mit reichlich kaltem Wasser abspülen, damit sie nicht zusammenkleben. Abtropfen lassen. ¼ l Dashi, 30 g Zucker und 1 EL Sojasauce aufkochen. Tofu zugeben und etwa 8 Min. bei großer Hitze offen kochen, bis die Flüssigkeit auf ein Drittel reduziert ist. Vom Herd nehmen. Porree putzen, abspülen und in feine Streifen schneiden.

● 1 ½ l Dashi mit restlichem Zucker, 2 TL Salz und restlicher Sojasauce aufkochen. Nudeln zugeben und aufwallen lassen. In Portionsschälchen verteilen und den Tofu darauf anrichten. Mit Porreestreifen garnieren.

Tipp Dashi ist eine japanische Fischbrühe und hat in Japan einen ähnlichen Stellenwert wie die Instant-Brühe bei uns. Dashi wird aus Seetang und teilweise aus Bonitoflocken hergestellt und ist die Basis für Misosuppe. Dashi bekommt man im Asialaden, ebenso wie die dicken japanischen Udon-Nudeln aus Weizenmehl.

Chinanudeln mit Tofu

vegetarisch | fettarm | einfach

3 Portionen
Zubereitungszeit 30 Min.
Pro Portion ca. 355 kcal, E 23 g, F 12 g, KH 36 g

250 g	Brokkoli	2 EL	süße Sojasauce
250 g	braune Champignons	1 EL	salzige Sojasauce
1	gelbe Paprikaschote	1 ½ TL	Dayong (Chinagewürz)
2	Lauchzwiebeln	½ TL	Cayennepfeffer
1 Stück	frischer Ingwer (3 cm)	200 g	Tofu
1	rote Chilischote	300 g	chinesische Weizennudeln
1 EL	Rapsöl	1 Bund	Schnittlauch
3 EL	Sake (Reiswein)		

• Brokkoli putzen und in kleine Röschen teilen. Champignons putzen, große Exemplare halbieren. Paprika halbieren, entkernen, abspülen und in Streifen schneiden.

• Lauchzwiebeln putzen und abspülen. Ingwer dünn schälen. Chili abspülen, längs halbieren und entkernen (dabei mit Küchenhandschuhen arbeiten!). Alle drei Zutaten fein hacken. Öl in einer Pfanne oder im Wok erhitzen. Lauchzwiebeln, Ingwer und Chili darin andünsten. Brokkoli und Champignons zugeben und 2 Min. unter Rühren dünsten. Paprika zugeben, weitere 2 Min. dünsten.

• 100 ml Wasser, Reiswein, beide Sojasaucen, Dayong und Cayennepfeffer verrühren und zugeben. Wok bzw. Pfanne schließen und weitere 3 Min. garen. Tofu würfeln, zugeben und den Topf vom Herd nehmen.

• Nudeln nach Packungsangabe garen, in ein Sieb gießen, abtropfen lassen und mit dem Tofu-Gemüse anrichten. Schnittlauch abspülen, in Röllchen schneiden und über das Tofu-Gemüse streuen.

Tipps Wie alle asiatischen Nudelgerichte ist auch dieses hier blitzschnell im Wok zubereitet.

Sake verleiht diesem Essen den besonderen Geschmack. Ersatzweise passt auch ein Medium-Sherry zum Abschmecken.

Räucher- oder Kräuter-Tofu gibt dem Gericht noch mehr Geschmack.

Bratnudeln mit Sprossen

vegetarisch | schnell | einfach

2	**Portionen**
	Zubereitungszeit 30 Min.
Pro Portion	**ca. 510 kcal, E 18 g, F 16 g, KH 72 g**

180 g	Eiernudeln (z. B. Fadennudeln)
100 g	Möhren
3	Lauchzwiebeln
150 g	Weißkohl
2	Knoblauchzehen
15 g	frischer Ingwer
50 g	Sojasprossen
2 EL	Öl
1	Ei
	Salz
	evtl. etwas Sambal oelek (indonesische Gewürzpaste)

• Nudeln nach Packungsangabe garen, in ein Sieb gießen und abtropfen lassen. Möhren schälen und in feine Stifte schneiden. Lauchzwiebeln putzen, abspülen und das Weiße und das helle Grün schräg in Ringe schneiden. Das dunkle Grün nicht verwenden.

• Vom Kohl den dicken Strunk entfernen. Weißkohl in feine Streifen schneiden. Knoblauch abziehen und würfeln. Ingwer schälen und fein reiben. Sprossen abspülen und abtropfen lassen.

• Öl in einem Wok oder einer großen Pfanne erhitzen. Knoblauch und Ingwer darin anbraten. Möhren, Kohl und Lauchzwiebeln zufügen und unter ständigem Wenden 5 Min. anbraten.

• Das Ei verquirlen und mit den Nudeln und den Sprossen in den Wok geben, unter kräftigem Wenden mischen und etwa 5 Min. braten lassen. Mit Salz und eventuell etwas Sambal oelek abschmecken.

Dazu süßsaure Chili- und Sojasauce

Tipp Richtig asiatisch werden die Bratnudeln mit Pak Choi, dem zarten China-kohl. Der ersetzt dann den Weißkohl.

Gebratene Nudeln *mit Ei*

vegetarisch | schnell | preiswert

2	**Portionen**
	Zubereitungszeit 25 Min.
Pro Portion	ca. 285 kcal, E 16 g, F 15 g, KH 22 g

120 g	Eiernudeln (vorgegart, aus dem Asialaden)
1	rote Paprikaschote
2	Lauchzwiebeln
2	Knoblauchzehen
1 EL	Austernsauce (oder Sojasauce)
1 EL	Sojasauce
2	Eier
2 TL	Sesamöl

• Nudeln nach Packungsangabe garen, in ein Sieb gießen und abtropfen lassen. Die Paprikaschote vierteln, entkernen, abspülen und in feine Würfel schneiden. Die Lauchzwiebeln putzen, abspülen und in Ringe schneiden.

• Den Knoblauch abziehen und durch eine Knoblauchpresse drücken. Austernsauce und Sojasauce zugeben und verrühren.

• Die Eier verquirlen. Den Wok erhitzen. Das Öl zugeben und erhitzen. Die Eier zugeben und unter ständigem Rühren gerade eben fest werden lassen.

• Abgetropfte Nudeln, Lauchzwiebeln und Knoblauchpaste zugeben und alles unter Rühren etwa 5 Min. braten. Paprikawürfel unterrühren und sofort servieren.

Tipps Dieses Rezept ist die Blitzversion der Wok-Nudeln – schneller geht's kaum. Wer es etwas üppiger mag, brät zuerst 200 g Beefhack im Wok an und würzt mit Garam masala (indische Gewürzmischung) oder Currypulver. Erst dann kommt das Gemüse an die Reihe und wird gebraten. Die Eier zum Schluss passen trotzdem.

Genauso gut schmecken auch Würfel vom Seelachs dazu. Die müssen dann aber nach dem Braten aus dem Wok gehoben werden und dürfen erst zum Schluss wieder dazugegeben werden. Sonst fällt der Fisch auseinander.

Wok-Nudeln *mit Spargel*

vegetarisch | schnell | einfach

4	**Portionen**
	Zubereitungszeit 25 Min.
Pro Portion	**ca. 505 kcal, E 12 g, F 30 g, KH 46 g**

500 g	Thai-Spargel (dünner grüner Spargel)
1–2	Schalotten
1	kleine Bio-Zitrone
2 Scheiben	Toastbrot
½ Bund	glatte Petersilie
2–3 EL	Butter
250 g	Sahne
150 g	Instant-Nudeln (Wok-Nudeln)
100 g	Ricotta-Käse (italienischer Quark)
	Salz, frisch gemahlener Pfeffer

• Spargel abspülen, die Enden abschneiden und die Stangen eventuell quer halbieren. Schalotten abziehen und fein hacken. Zitrone heiß abspülen, trocken tupfen und die Schale fein abreiben. Den Saft auspressen.

• Brot entrinden und zerbröseln. Petersilie abspülen, trocken schütteln und die Blättchen fein hacken. 1 EL Butter im Wok erhitzen und die Brotbrösel darin goldbraun braten. Herausnehmen, abkühlen lassen und mit Zitronenschale und Petersilie mischen.

• Restliche Butter in den Wok geben, Schalotten und Spargelstücke darin andünsten. Sahne und 150–250 ml Wasser dazugießen und aufkochen. Etwa 2 Min. köcheln lassen.

• Die Nudeln zugeben und 3–4 Min. kochen lassen. Ricotta und Zitronensaft unterrühren und erhitzen. Mit Salz und Pfeffer würzen. Brösel-Petersilien-Mischung darüberstreuen und sofort servieren.

Tipps Statt Thai-Spargel grünen Spargel nehmen und die Stangen quer halbieren.

Wok-Nudeln sind spezielle Nudeln, die nur kurz mitgegart werden.

Wenn Nudeln länger stehen, nehmen sie mehr Flüssigkeit auf. Deshalb sofort servieren oder etwas Flüssigkeit, z. B. Brühe, nachgießen.

Wok-Nudeln *mit Mango*

schnell | einfach

2	**Portionen**
	Zubereitungszeit 50 Min.
Pro Portion	**ca. 605 kcal, 20 g E, 16 g F, 91 g KH**

1 Stück	frischer Ingwer (3 cm)
2 EL	Öl
300 ml	Möhrensaft
1 EL	Zucker
800 g	Brokkoli
2	rote Zwiebeln
1	Mango
1 Glas	Baby-Maiskolben (190 g Abtropfgewicht)
	Salz, frisch gemahlener Pfeffer
	etwas Öl für den Wok
250 g	chinesische Eiernudeln

• Den Ingwer schälen und fein reiben. 1 EL Öl in einem Wok oder einer Pfanne erhitzen und den Ingwer darin anbraten. Möhrensaft und Zucker zufügen und offen zur Hälfte einkochen lassen.

• Inzwischen den Brokkoli abspülen, putzen und in kleine Röschen zerteilen. Zwiebeln abziehen und in Spalten schneiden.

• Die Mango schälen und das Fruchtfleisch in Scheiben vom Stein schneiden. Die Mangoscheiben übereinanderlegen und grob würfeln. Mais abtropfen lassen.

• Eingekochten Möhrensaft mit Salz und Pfeffer würzen und in eine Schüssel geben. Den Wok mit etwas Öl auswischen.

• Brokkoli im restlichen heißen Öl im Wok 4 Min. braten. Zwiebeln zufügen und etwa 3 Min. weitergaren lassen. Den eingekochten Möhrensaft zugießen. Mango und Mais in den Wok geben und erwärmen. Mit Salz und Pfeffer würzen.

• Die Nudeln nach Packungsangabe garen, in ein Sieb gießen und abtropfen lassen. Nudeln und das Wok-Gemüse zusammen servieren.

Tipp Maiskolben gibt es saisonabhängig auch frisch zu kaufen, dann unbedingt zugreifen. Der Geschmack ist mild und leicht nussig. Nicht mit den eingelegten Maiskolben zu vergleichen!

Das große Plus: Pasta

Spaghetti

Bandnudeln

Maccheroni

Penne & Rigatoni

Casarecce & Fussili

Orecchiette

Glas- & Reisnudeln

Asiatische Nudeln

Gefärbte Nudeln

Die »richtige« Nudel zur Sauce

Erst einmal steht die Frage: Welche Nudel wozu? Zu einem typisch deutschen Essen, wie Gulasch, schmeckt eine Eiernudel prima, während Garnelen im Tomatensud besser zu Hartweizennudeln schmecken. Beides ist Geschmackssache. Hartweizennudeln schmecken recht neutral und haben einen schönen Biss, während Eiernudeln kräftig nach Ei schmecken und meist weicher kochen. Eiernudeln enthalten etwa 10 % Ei, außerdem noch Wasser und Salz. Sie sind aus Weichweizen gemacht, einer anderen Weizenart als Hartweizen. Hartweizennudeln bestehen nur aus Weizenmehl, Wasser und evtl. Salz und kommen ursprünglich aus Italien, wo traditionell viel Hartweizen angebaut wird. Wer die Frage »Pasta mit Ei oder ohne?« erst einmal beantwortet hat, muss sich dann für eine Nudelform entscheiden.

Bandnudel gegen Penne

Nudeln werden bei der Herstellung entweder durch Formen (Matrizen) gepresst oder einfach gewalzt und geschnitten. Die gepressten Nudeln haben eine größere und recht raue Oberfläche, dadurch kann mehr Sauce an ihnen »kleben«. **Gepresste Nudeln** sind z. B. Penne, Spaghetti oder Spiralnudeln. Oftmals steht auf der Packung eine Nummer, sie gibt an, welche Form zum Pressen gebraucht wurde. **Gewalzte Nudeln**, wie z. B. Lasagne-Platten, Tagliatelle oder Bandnudeln, haben eine glattere Oberfläche und nehmen nicht so viel Sauce auf, geben aber auch nicht so viel Stärke beim Kochen ab.

Die kleinsten Nudeln sind **Suppennudeln**. Besonders bei klaren Suppen sollte man sie lieber separat kochen und erst kurz vor dem Essen zugeben, sonst wird die Suppe durch die Stärke aus den Nudeln trüb. Außerdem werden die Nudeln in der Suppe schnell übergar und matschig.

Mittelgroße und dicke Nudeln, wie **Penne** oder **Spiralnudeln**, eignen sich prinzipiell für alle Saucen, schmecken aber besonders gut zu Ragouts, in Aufläufen oder zu recht kräftigen Saucen.

An den langen, dünnen Nudeln, wie **Spaghetti** oder **Bandnudeln**, bleibt nicht so viel Sauce haften. Sie werden daher gerne mit Saucen serviert, die sämig sind, wie z. B. Carbonara oder Gorgonzolasauce, oder mit Saucen auf Ölbasis, wie z. B. Aglio e olio.

Spätzle und **Knöpfle** sind Eiernudeln mit sehr hohem Eieranteil, sie werden aber »getropft« und nicht »gewalzt« wie normale Eiernudeln. Der Teig ist sehr flüssig und wird ins kochende Wasser geschabt oder gepresst, daher ist ihre Oberfläche größer und sie können noch mehr Sauce aufnehmen als alle anderen Nudeln. Sie werden traditionell als Beilage zu Gerichten mit viel Sauce, wie z. B. Braten, serviert oder mit Käse überbacken.

Diese ganzen beschriebenen Nudeln gibt es auch als Vollkornvariante. Hier wird helles Weizenmehl oder Weizengrieß durch Vollkornmehl- oder -grieß ersetzt. Vollkornnudeln sind kerniger und liefern zusätzlich Ballaststoffe, Vitamine und Mineralstoffe. Alle Rezepte in diesem Buch können auch mit Vollkornnudeln zubereitet werden. Selbst gemachter Vollkornnudelteig braucht auf alle Fälle mehr Flüssigkeit und wird nicht ganz so glatt und geschmeidig wie Nudelteig aus hellem Mehl.

Nicht nur Italien, auch Asien ist eine Nudelhochburg. Eine besonders große Auswahl gibt es in Japan: **Soba-Nudeln** aus Buchweizenmehl sind teilweise mit grünem Tee gefärbt. **Udon** sind recht dicke, breitere, **Somen** dagegen lange, dünne Weizennudeln, die leicht süß schmecken und oft auch kalt gegessen werden. **Ramen**, ebenfalls lange, dünne Weizennudeln, gehören in eine typisch japanische Nudelsuppe. **Chinesische Mie-Nudeln** enthalten Eier und Weizenmehl. Sie sind sehr lang und kräuselig und werden zu Blöcken geformt verkauft. **Reisnudeln** werden aus Reisstärke gemacht, daher sind sie sehr hell. Sie sind sehr dünn und haben nur wenig Eigengeschmack.

Glasnudeln aus Mungobohnenstärke werden als lockeres Bündel verkauft. Sie müssen nicht gekocht werden, Einweichen in sehr heißem Wasser reicht.

Immer mehr Nudeln werden als **Frischprodukt** angeboten. Es gibt sie auf Wochenmärkten oder in den Kühlabteilungen im Supermarkt. Sie sind ein Zwischending von ganz frischen, selbst gemachten Nudeln und getrockneten Nudeln. Nur leicht angetrocknet halten sie etwa 14 Tage. Besonders groß ist das Angebot an gefüllten Teigtaschen, wie **Ravioli & Co**. Pro Person rechnet man zum Sattwerden etwa 200 g frische Nudeln. Sie sind nach wenigen Minuten im kochenden Salzwasser gar.

So wird's al dente

Nudeln brauchen viel Platz und viel Wasser im Topf. Sie geben beim Kochen etwas Stärke ab, daher ist Nudelwasser immer leicht leimig. Werden die Nudeln in sehr wenig Wasser gegart, ist zu viel Stärke im Kochwasser und die Nudeln werden klebrig. Faustregel: pro Person 100 g Nudeln, 1 l Wasser und 1 TL Salz. Das Kochwasser hat sogar noch eine zweite Funktion: Das Sieb zum Abgießen über die Servierschüssel stellen, so wird die Schüssel durch das heiße Nudelwasser in wenigen Sekunden schön vorgewärmt. Auch sollten die Nudeln nicht ganz abtropfen, ein kleiner Rest Kochwasser verhindert das Zusammenkleben.

Öl im Wasser setzt sich an die Oberfläche der Nudeln. Sie kleben dann nach dem Kochen zwar nicht zusammen, durch die glatte Oberfläche können die Nudeln sich aber auch nicht mit der Sauce verbinden.

Das genaue Gegenteil, also eine Superverbindung von Nudel und Sauce gibt es so: Die Nudeln etwa eine Minute weniger als auf der Packung angegeben kochen und nach dem Abgießen sofort in die Sauce geben und dort fertig garen.

Pasta-Küchenhelfer

Von den Profis abgeschaut: Der Pastatopf mit zwei Einsätzen ist super, wenn verschiedene Nudeln gleichzeitig gekocht werden sollen. Außerdem tropfen die Nudeln im Siebeinsatz auch gleich ab. Praktisch, wenn die Nudeln schon vorgegart sind und nur noch warm gemacht werden müssen. Solche Pastatöpfe findet man im Fachhandel, z. B. von Ballarini (Bild 1).

Pro Person rechnet man 100–125 g getrocknete Pasta. Für die langen dünnen Spaghetti braucht man nicht unbedingt eine Waage, um die richtige Pasta-Menge aus der Packung zu nehmen. Praktische Spaghetti-Maße lassen durch ihre verschieden großen Löcher nur eine bestimmte Menge an Nudeln durch. Genau die Portionsgröße für einen, zwei, drei oder vier Pasta-Esser (Bild 2).

2

3

Es ist angerichtet! Und um nun die Pasta auf die Teller zu verteilen, leisten eine Pasta-Zange oder ein Servierlöffel mit gezacktem Rand gute Dienste (Bild 3). Die beiden haben die glatten Nudeln fest im Griff, und so gibt es selbst für die glitschigsten Kandidaten, wie Spaghetti oder Tagliatelle, kein Entkommen.

Blitzschnelle Nudelsaucen

Nudeln sind fix gekocht. Und wenn es besonders schnell gehen soll, muss die Sauce fertig sein, bis die Pasta al dente ist. Hier zwei Blitz-Rezepte.

Pesto

Pesto hält sich im Kühlschrank in einem Schraubglas fest verschlossen etwa 1 Woche frisch. Am besten das Pesto glatt streichen und etwas Olivenöl daraufgießen, sodass die Oberfläche knapp bedeckt ist. Das Aroma bleibt unter dem »Öldeckel« am besten erhalten. Und so hält das Pesto noch länger: Wenn Basilikumzeit ist, gleich ganz viel Pesto machen und portionsweise einfrieren (z. B. in Eiswürfelbehältern).

Für 4 Portionen:

200 g	Basilikum
2–3	Knoblauchzehen
je 50 g	frisch geriebener Parmesan- und Pecorino-Käse (beide italienische Hartkäse)
2–3 EL	Pinienkerne
100 ml	Olivenöl
	Salz, frisch gemahlener Pfeffer

Basilikum abspülen, trocken schütteln und die Blättchen abzupfen. Knoblauch abziehen und grob hacken. Beides mit dem Käse und den Pinienkernen in einen Blitzhacker geben und grob zerkleinern. Das Olivenöl dazugeben und untermixen, sodass eine geschmeidige leicht stückige Paste entsteht. Mit Salz und frisch gemahlenem Pfeffer abschmecken.

SOS-Tomatensauce

Für 2 Portionen:

je 1 Zweig	Rosmarin und Thymian (oder 1 EL Trockenkräuter)
1	Zwiebel
1	Knoblauchzehe
1 EL	Olivenöl
1 kl. Dose	Tomaten
	Salz, frisch gemahlener Pfeffer
	Zucker

Kräuter abspülen, trocken schütteln und die Nadeln bzw. Blättchen abzupfen. Zwiebel und Knoblauch abziehen und fein hacken. Das Öl in einem Topf erhitzen und Zwiebel und Knoblauch darin andünsten. Tomaten und Kräuter dazugeben, alles 10 Min. kochen lassen und mit Salz, Pfeffer und etwas Zucker abschmecken. Wenn die Tomaten zu wenig Geschmack haben, hilft

auch etwas Tomatenmark oder Tomatenketchup. Dann nach Lust und Laune alles zugeben, was sonst noch schmeckt, von Chili über Pinienkerne bis zu Ricotta oder Speck.

Für den Vorrat die Tomatensauce portionsweise einfrieren oder noch heiß in sauber ausgespülte Schraubgläser füllen, verschließen, auf den Kopf stellen und auskühlen lassen. Hält sich im Kühlschrank etwa 1 Woche.

Nudeln selbst gemacht

Pastateig für 4 Portionen:

180g	Mehl
120g	Hartweizengrieß
3	Eier (Größe M)
3 TL	Öl
	Salz
	Mehl zum Arbeiten

● Alle Zutaten und 1 EL lauwarmes Wasser mit den Knethaken des Handrührers gut vermengen. Der Teig ist jetzt noch etwas krümelig. Den Teigkloß auf einer leicht bemehlten Arbeitsfläche mit den Händen zu einem geschmeidigen Teig kneten. Den Teig so lange weiterkneten, bis er elastisch ist und sich zu einer Kugel mit einer glatten Oberfläche formen lässt (Step 1). Wenn der Teig noch klebrig ist, etwas Mehl unterkneten. Die glatte Teigkugel in Frischhaltefolie wickeln und bei Zimmertemperatur etwa 30 Min. ruhen lassen. So lässt sich der Teig danach besser ausrollen.

● Den Nudelteig unbedingt portionsweise verarbeiten: Den Teig vierteln und einen Teil zu einem flachen Quadrat formen (Step 2). Den restlichen Teig in der Folie lassen, damit er nicht trocken wird.

● Das Teigpäckchen durch die Nudelmaschine walzen. Das macht man am besten zu zweit. Zwischendurch immer wieder mit etwas Mehl bestäuben. Mit der größten Öffnung an der Nudelwalze beginnen und stufenweise immer dünner walzen. So reißt der Teig nicht und lässt sich gut verarbeiten (Step 3 und 4).

● Die langen Teigbahnen in gewünschte Längen schneiden und durch die breite Schneidewalze drehen oder mit einem Messer schneiden. Mehrere Nudeln zusammen zu Nestern formen und antrocknen lassen (Step 5).

● Für gefüllte Nudeln, wie Maultaschen oder Ravioli, eine Teigbahn auf bemehlter Arbeitsfläche auslegen. Mit einem Tee- oder Esslöffel – je nach gewünschter Größe der Nudeln – in regelmäßigen Abständen kleine Häufchen der vorbereiteten Fleisch-, Gemüse- oder Käsefüllung daraufsetzen. Eine zweite gleich große Teigbahn deckungsgleich über die erste legen und mit den Fingern die Zwischenräume zwischen den Füllungshäufchen fest zusammendrücken. Mit einem Messer oder einem Teigrädchen die gefüllten Teigbahnen in der Mitte der Füllungszwischenräume auseinanderschneiden (Step 6).

● Die Nudeln in reichlich kochendem Salzwasser etwa 2 Min. garen. Abgießen, abtropfen lassen und mit etwas Olivenöl oder Butter vermengen.

Selbst gemachte Nudeln kann man auch ohne Weiteres in größeren Mengen für den Vorrat zubereiten. Gefüllte Nudeln in kochendes Salzwasser geben und gar ziehen lassen. Dann in eine Schüssel mit kaltem Wasser geben. Die abgeschreckte Pasta portionsweise einfrieren. Tagliatelle und Spaghetti ungekocht zu kleinen lockeren Nudelnestern drehen, gut mit Mehl bestäuben, damit sie nicht zusammenkleben, und komplett trocknen lassen. In einem großen Vorratsglas aufbewahren.

Zum Gebrauch

Damit Sie Rezepte mit bestimmten Zutaten noch schneller finden können, stehen in diesem Register zusätzlich auch beliebte Zutaten wie **Auberginen** oder **Spinat** – ebenfalls alphabetisch geordnet und **hervorgehoben** – über den entsprechenden Rezepten.

Die BRIGITTE-Kochbuch-Edition

ISBN 978-3-8338-1505-8

ISBN 978-3-8338-1506-5

ISBN 978-3-8338-1507-2

ISBN 978-3-8338-1511-9

ISBN 978-3-8338-1512-6

ISBN 978-3-8338-1513-3

NIE WIEDER ZETTELWIRTSCHAFT! Die beliebtesten Rezepte aus der BRIGITTE werden hier vom Kochbuch-Spezialisten GU endlich in einer Edition präsentiert. Rezepte für jeden Anlass, für jede Saison – natürlich mit allen Klassikern und mit vielen Neuheiten. Freuen Sie sich darauf und sammeln Sie mit!

Mehr Kochen war noch nie

ISBN 978-3-8338-1508-9

ISBN 978-3-8338-1510-2

ISBN 978-3-8338-1509-6

ISBN 978-3-8338-1514-0

ISBN 978-3-8338-1515-7

ISBN 978-3-8338-1516-4

KOMPETENT: zwei starke Marken – BRIGITTE und GU – garantieren höchste Qualität und Gelingsicherheit. **WERTVOLL:** schöne Ausstattung mit Lesebändchen. **UNVERWECHSELBAR:** herausragende Gestaltung, auffällig schöne Fotografie. **EMOTIONAL:** das Gute-Laune-Gefühl der BRIGITTE in Buchform.

IMPRESSUM

© 2008
GRÄFE UND UNZER VERLAG GmbH, München
Gruner + Jahr AG & Co KG, Hamburg

Liebe Leserin, lieber Leser,

wir freuen uns, dass Sie sich für ein Buch der Brigitte-Kochbuch-Edition entschieden haben. Mit Ihrem Kauf setzen Sie auf Qualität und Kompetenz zweier starker Marken: Brigitte und GU. Dafür bedanken wir uns bei Ihnen.

Um in Zukunft noch besser auf Ihre Wünsche eingehen zu können, ist uns Ihre Meinung wichtig. Bitte senden Sie uns Ihre Anregungen, Ihre Kritik, Ihr Lob und auch Ihre Fragen zu unseren Büchern. Wir freuen uns auf Ihre Nachricht!

GRÄFE UND UNZER VERLAG

Leserservice
Postfach 86 03 13
81630 München

Montag – Donnerstag: 8.00 – 18.00 Uhr
Freitag: 8.00 – 16.00 Uhr
Tel: 0180-5 00 50 54*
Fax: 0180-5 01 20 54*
E-Mail: leserservice@graefe-und-unzer.de

*(0,14 €/Min. aus dem dt. Festnetz/
Mobilfunkpreise können abweichen.)

BRIGITTE

Leserservice
Tel: 040-370 30
Fax: 040-37 03 56 34
E-mail: infoline@brigitte.de

Chefredakteur BRIGITTE Andreas Lebert
Programmleitung GU Doris Birk
Projektleitung und Rezeptauswahl Burgunde Uhlig (BRIGITTE), Birgit Rademacker (GU)
Texte Katja Jührend (BRIGITTE)
Rezeptbearbeitung Frauke Prien (BRIGITTE)
Lektorat Cora Wetzstein
Korrektorat Mischa Gallé
Layout, Typografie und Umschlaggestaltung independent Medien-Design, München
Satz Uhl + Massopust, Aalen
Herstellung Claudia Labahn
Reproduktion Longo AG, Bozen
Druck und Bindung Mohn media Mohndruck GmbH, Gütersloh

ISBN 978-3-8338-1507-2

1. Auflage 2008

Rezepte, Produktion und Foodstyling
BRIGITTE-KOCHRESSORT

Bildnachweis
Fotografie Thomas Neckermann
Seite 78 Ulrike Holsten
Seite 2, 8, 40, 114, 134 Maike Jessen
Seite 81 Wolfgang Krüger
Seite 123 Jörg Lehmann
Seite 103 Olaf Szepaniak

Titel
Foto Ulrike Holsten
Assistenz Ulrike Kallweit
Styling Dietlind Wolf
Foodstyling Nicole Müller-Reymann

Ein Unternehmen der
GANSKE VERLAGSGRUPPE